佳节盛景

指尖上的中国

浅草 主编

浅草 著

中国少年儿童新闻出版总社
中国少年儿童出版社
北京

图书在版编目（CIP）数据

佳节盛景 / 浅草著 . -- 北京 : 中国少年儿童出版社 , 2025. 1. -- (指尖上的中国 / 浅草主编).
ISBN 978-7-5148-9241-3
Ⅰ. K892.1-49
中国国家版本馆 CIP 数据核字第 2024B48S88 号

JIAJIE SHENGJING
（指尖上的中国）

出版发行：中国少年儿童新闻出版总社 中国少年兒童出版社

执行出版人：马兴民
责任出版人：缪 惟

丛书策划：缪 惟 邹维娜　封面插图：谢月晴
责任编辑：白雪静　内文插图：邵陆芸
责任校对：刘 颖　装帧设计：yoko
责任印务：厉 静　特邀审读：吉国秀

社 址：北京市朝阳区建国门外大街丙 12 号　邮政编码：100022
编 辑 部：010-57526332　总 编 室：010-57526070
发 行 部：010-57526568　官方网址：www.ccppg.cn

印刷：艺堂印刷（天津）有限公司

开本：720 mm × 1000 mm 1/16　印张：10.75
版次：2025 年 2 月第 1 版　印次：2025 年 2 月第 1 次印刷
字数：100 千字　印数：1—6000 册

ISBN 978-7-5148-9241-3　定价：44.00 元

图书出版质量投诉电话：010-57526069　电子邮箱：cbzlts@ccppg.com.cn

序

一片素心好成物

孩子对物是共情的。在他们的感觉中，一切事物都是带有灵魂的。我小时候不会对着镜子跟自己说话，但是，会对着一块石头、一棵草或一条河说很多很多的话。看到自己的橡皮变得越来越小了，我就开始跟“他”告别；捡到一片树叶，看见叶脉在阳光下抖动，也会问“他”是不是要死了。《当代》杂志徐晨亮主编的小女儿温婉可爱，在新疆乌鲁木齐与我们分别时，她给每一位老师送了一张自己画的小画。送给我的是一朵小花儿的简笔画，小姑娘告诉我：“这朵花儿很快就开了……”

成年人对物是有寄托的。“斑竹枝，斑竹枝，泪痕点点寄相思”，竹子的纹路激发了伤感；“记得小蘋初见，两重心字罗衣”，一件衣服惹起了万千的牵挂；“烈士击玉壶，壮心惜暮年”，李白的玉壶里有铿锵之声；“春咏敢轻裁，衔辞入半杯”，义山的诗情可以装入酒杯之中……

让孩子感悟物之趣，了解物之理，用自己的手做一件饱含想象力的器物，让身体感受在那创造性的瞬间迸发出来的欢欣鼓舞，这才是这本书所以鼓吹童心与物心相融通的题中之义。

多年来，浅草喜欢各种各样充满情趣的小物件。一杯清茶，她看见了世间温润的情怀；一壶生普，她闻见了苍云变幻的从容；她坚信扣碗倒出来的不仅仅是汤汁，还是可以与宋人同色的领悟；她觉得一件茶叶末釉的器具，饱含了神秘的情调和韵味。如果不是还肯对这个世界抱持一种人文主义的猜想，如果不是还肯对人维持一点儿善良纯粹的愿望，怎么会有浅草笔下万物雅趣的生动？

三分侠气能为友，一点素心好做人。英国有一句谚语说，人类可以造楼、造火车，只有大自然造出了一棵草。其实，人类还可以用大自然造一棵草的心来造自己。

让孩子学习一点儿匠心造物的知识，感受一点儿器物本心的光晕吧！这不是让他们享受简单的孩童情趣，而是让他们长大后还有能力焕发孩童情趣，还有能力想象自己可以创造属于自己的世界！

周志强

南开大学文学院博士生导师，

长江学者，天津美学学会会长

自序

三十多岁的时候，我接触了传统手工艺文化，得以把自己当小孩重新养成，这令我在四十岁依然保持对万物的好奇心，有一个“好学生”的心态和动力。为了深入这份爱，我写书、读博、到处走访，生活中充满发现美好的欣喜和不断成长、进步的自信。此时的我，比十几二十岁时更具少年气。

希望孩子们也能从传统手工艺文化中获得这份内在滋养和动力，不是说都得“投身”传统，而是养成一种对事物、对世界、对人生的由坚实和诚恳构成的底层逻辑。许多现代科技的灵感都源自这些看似古老、简单的手工技艺，“指尖上的中国”这套书不仅能够帮助我们更好地理解科技是如何从日常生活中发展起来的，也能够让我们对劳动和生命有更多的尊重和敬畏，养成以探索、主动实践的习惯来对抗被投喂与被决定的命运。

现在的孩子一出生便是人工智能接管的生活，大数据算好一切供奉在屏幕上，手指点一点就自动投喂，容易让人忘了自己双手的伟大能力和思维意识曾经创下的奇迹：如何做投枪、渔网来打猎和捕鱼，如何用泥和水做成陶瓷水杯，棉麻植物如何变成衣裳，米面如何变成点心，木材如何变成高高翘起的屋檐……今天人类的知识更渊博了，对生活中万物的来历却更无知了。当专业和技能越发细分，人类方方面面的需求逐渐被科技和各种商业体系架空，我们的未来是否会以人工智能和大数据的逻辑来生成？

如此，推广传统手工艺文化的意义就更为深远了。我在编写这套书的时候，也自觉不要陷入怀旧主义，而是带入自己从学习、内化再到行动的经验，强调用双手造物的进程是如何塑造人、塑造人类文化的。

一门手艺，往往要从认识原材料开始。它产于何地？为何某地出产的原料会优于其他地方？然后是设定目标。要做成什么东西？要有什么形状？要不要有装饰图案？要有什么样的功能？在以往的文化体系中，有哪些可以算作“好”的标准？接下来是动手，采用一定的工艺去实现它。无论是捶打、编织还是雕刻，手上的技术都需要日积月累的训练，才能依据材质的属性，选择相宜的力度、角度去操作，做到手眼协调，大脑身心能和谐有机地配合自如。如果要使用工具，还要知道怎么设计和使用工具，要有借力的智慧，有解决问题的耐心，以及每一步都不能偷工减料和投机取巧的诚实，因为结果没有侥幸。另外就是心无旁骛的专注力和不屈不挠的持续力，追求精益求精，必须要有一定的意志力。如果需要其他人配合，还得有沟通能力和团队协作能力……马克思说，劳动是人的本质的对象化，一个人想成为一个什么样的人，几乎都可以在他的劳作中呈现出来。

手工劳动是一个塑造人格品质的漫长过程，而且最终将沉淀在对世间万物的感知里。

手艺的背后是人类生存的方法与技能，在方法与技能的背后是人对自然的了解，对人类需求的关怀与满足，是人类继承过去、创造现在和未来的万丈雄心。人的自我是在支配力的一次次有效释放及其反馈中建立的。人在利用自然、手工造物的过程中，不仅实现了人类的生存和发展，也逐步积累了经验和知识，确定了秩序、规则和方法，获得了判断力、尊严和自信。

最后，还要谈到爱。爱与深刻的理解有关系，爱的能力也跟见识、眼光有关系……对一件事了解得越深，爱的程度也越深，对自己和他人，对人生和世界的态度，也都根深于此。

浅　草

2024 年 12 月于南开大学北村

目录

佳

盛

年画、春联和剪纸

贴出满屋喜气洋洋

在中国人心里，一年中最重要的节日是什么？毫无疑问，当然是春节，从古至今都是这样的。古代过春节，全家上上下下要忙碌一两个月，不仅家人、亲戚要团聚，还要给祖先请安，安排隆重的祭祀祖先的活动。另外，财神、灶神等各种保佑美好生活的神灵，也要一一拜祭到位。人们用春节来开启新的一年，虽然现代中国人过春节没有以前那么多仪式，但这个节日依然是最重要的，也深受孩子们的喜欢，因为它会带来一个愉快的寒假。

怎么筹备这么重要的节日呢？先把屋里屋外装点一番。古代人喜欢年画、春联和剪纸窗花，选择自己喜欢的图案和诗句，不仅是漂亮的装饰，还是各种吉祥的象征，比如平安、富裕、健康、长寿……无论你期待什么，都可以贴起来。

年画

早期的人类对大自然认识有限，无力阻挡各种自然灾害，也无法理解灾难为什么会降临，于是他们想象灾难是由恶魔怪兽带来，由神仙的保佑而带走，凡与日常生活有关的事物，比如门、灶、床、厕所……都得有个守护神才行。门的位置尤其特殊，是内外分隔的标志。于是他们将很有战斗能力的神仙用桃木刻出

早期的两位门神：神荼、郁垒

来，挂在门上，作为门神，用来吓唬妖魔鬼怪。传说中神（shēn）荼（shū）、郁垒（lǜ）两位神将专管鬼怪、邪物，而桃木又被认为是能驱邪的神木，二者相配，力量强大。

随着生活水平的提高，人们生存恐惧减少，反而多出了很多希望。除了传说中的神仙，也崇拜历史上人格很完美的人物，如大清官包拯、忠勇的关公、爱国的文天祥，等等。过年的时候把他们的画像张贴在门上，希望在未来的一年里，能得到他们的祝福和庇佑。

宋朝木版印刷术的兴起，使得过年时贴在门上的内容更加丰富多彩起来，远远超越了“门神”的概念，变成了画帖、年画。天津杨柳青、山东杨家埠、苏州桃花坞都曾是历史上著名的年画产地。

明清时期，全国的城市、农村几乎家家户户过年时都贴年画，不贴就不算过年，一年一换，所以需求量很大，推动着古代年画的制作方法从纯手工绘制发展到批量木版刻印。纯手工描画产量小，价格高，而且不是人人都能掌握，于是找优秀的画师画出底本，然后用比较透明的纸覆盖在上面，一张张拓描，叫“过活稿”。后来，木版印书的方法流传起来，有人尝试将一张年画的所有线条刻在木版上，成批印刷，然后再手工补齐染色或者细节部分，这叫半印半画，效率提高了不少。

在这个基础上，人们又发明了专门适合年画的木版技术，使染色程序变成能大量“复印”。人们把一张年画要用的颜色做个区分，红色的专门刻一个版，复印红色色块；黄色、绿色等每个颜色都专门做一块版，准备一张印画的白纸，先在线稿版上印出所有的线条轮廓，然后分别去红色、绿色、黄色等专门的颜色雕版上印上各种颜色。为了工序不过于复杂，画师在设计画稿的时候，一般不会超过五个颜色，几个颜色对比明快的话效果就更好。

一张年画在不同雕版上复印四到六次就算完成，如果大批量印，整体的速度就大大提高了，这个方法叫套版印刷。

木版刻印速度快、成本低，是最流行的年画制作方式。各地年画的风格和流行内容有所不同，但木刻的基本方法是一样的。

春联

春节贴春联的习俗，在今天依然流行，家家户户都将喜庆的红春联贴在门上，辞旧迎新，传递着浓浓的节日氛围。

春联没有复杂的制作工艺，是一种书法和对联结合的艺术，一般写在红色的纸上，最简单的是两个对仗的短句和一句横批，分别贴在门框两边和门楣上，也可在门中心再贴一个菱形的“福”字。

春联由骈文衍生，又借鉴中国诗歌传统发展而来，要求对仗工整，还有发音平仄要押韵，有形式美和韵律美，内容一般是关于新春的各种祝福。除了大门要贴，厨房、书房，甚至猪舍、鸡舍都可以贴上红红的春联，比如书香满屋、鸡鸭满圈、牛羊成群……还要请灶王爷去天宫汇报一年来的各种好事，请他回到人间的时候，多带一点儿上天派的好福气。

家家都贴春联，主题还差不多，具体写什么，就很体现文化趣味和水平了，每年都有不同的生肖，每人有不同的行业、每家有不同的家训……都可以作为创作春联的素材。除博学多闻外，还要反应机敏，所以在古代一些才子的传说中，往往都会用对对联来与人比拼文采。一些绝妙的对联，配上好的书法，主人往往就舍不得换掉了，可以刻在木板上，变成长期挂着的春联。春节期间，大家走亲访友，品赏谁家的春联写得字体美、内容好，往往是一大乐趣。

剪纸

用剪刀或者刻刀在纸上剪刻出各种镂空的图案，用于装点生活或者各种节日和需要庆祝的事件，是中国人传承了两千多年的

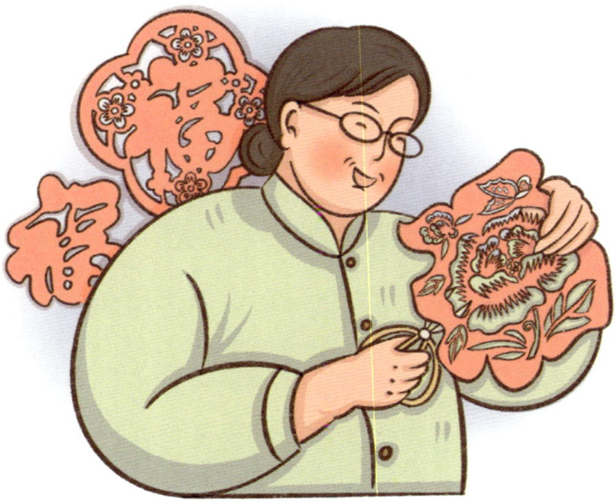

剪纸艺术。

一到腊月，奶奶大娘、姐姐妹妹就都拿起剪刀，剪出方的、圆的，大大小小的窗花、门笺、墙花、炕围子花，甚至箱子、柜子上，都需要新的剪纸来替换上一个节日的贴花。各种送亲友的新春礼品里，也可以贴心地放上红色的剪纸作为装点，一打开就有喜气洋洋的氛围。

剪纸和刺绣，是古代女性——无论是贵族还是平民必备的技能，但并没有专门的学校让她们去学，都是从小在生活中从长辈或姐妹那里要来学来的。先是依样画葫芦照着剪，一个花样反复练习，然后自己独立完成画样，描绘自己熟悉且热爱的鱼虫鸟兽或花草树木、亭桥风景等自然景物，以至最后达到随心所欲的境界，信手就能剪出新的花样来。

剪纸是用来装点日常生活的，所以人们喜欢的题材也很接地气，过年贴的窗花里，有耕种、纺织、打鱼、牧羊、喂猪、养鸡等实际生活内容。平凡的事物里也被赋予美好的寓意，例如桃子象征着“长寿”，鸳鸯代表着“爱情”，石榴代表着“多子”等，将美好的愿望表达得淋漓尽致。人们表面上爱的是剪纸艺术，实际上爱的是生活。

剪纸是民俗文化的载体，与民间传统节日、日常生活、宗教信仰、人生礼仪等习俗交织在一起，是民俗文化中不可或缺的重要内容。

两千年的中国剪纸发展史中，剪纸的内容、形式及社会功能，表现出许多独特的农耕文化形态。每逢岁时节令，在美化生活环境、祈福纳祥、驱鬼辟邪的活动中，民俗剪纸的社会功能显得越来越广，同时，民俗剪纸也丰富了民俗活动的形式和内容。

古代人们的物质生活比起现代要贫乏得多，很多东西都需要亲自动手制作。每到节日，他们不厌其烦，写春联，贴福字、年画和窗花，在做这些的时候，心里就一点儿一点儿升起了快乐和喜悦，这就是传说中的“年味儿”。如果你觉得现代人过年没意思，要不要尝试亲手做做这些事情呢？

指尖工坊

从清朝时的一张以灶王爷为主的年画中，我们能看出多少内容呢？

《定福宫——灶王爷的宫名》（清朝江苏苏州纸马）

爆竹、烟花与打铁花

天空中转瞬即逝的灿烂

每逢传统节日、婚丧嫁娶、各种庆典、庙会活动等很多重要场合，都要燃放爆竹、烟花，这是中国人延续了两千多年的传统。特别是春节期间，更是爆竹声声不间断，重要时刻，还有绚烂的烟花在空中绽放，人们在一片热闹非凡、五光十色中迎接新一年的到来。

爆竹、鞭炮　吓跑野兽妖魔迎吉祥新年

原始人类生活在山野丛林里，总要点一堆篝火，一是为了取暖煮食，二是为了吓跑夜间来偷袭的野兽。很多动物都怕火怕光，但有一种叫“山臊”的野兽，火光吓不走它，它照样来偷粮食，还给人传染疾病。人们为了对付它，把竹子扔到火盆里，竹筒在高温中变形断裂，会发出很大的噼噼啪啪的爆破声，就把山臊吓得躲得远远的，仿佛连同很多不吉利的事物一起都被赶跑了，这种以火烧爆的竹筒就是最早的“爆竹”。

记录中国古代楚地岁时节令、风物故事的古书《荆楚岁时记》中，清楚地记录着一两千年前的春节习俗：正月初一，鸡叫头一遍时，人们就纷纷起床，在自家院子里燃爆竹，来逐退瘟神恶鬼。那时候的“年”，是一种跟山臊一样怕红色和爆破声的猛兽，过年最初的含意，就是燃爆竹以吓跑年这头怪物保平安。

我们熟悉的火药制作的炮仗，大概是炼丹师的意外产物。古代的医生和道士两个职业经常是融合在一起的，从皇帝到迷恋修仙的道士，都幻想炼出长生不老的丹药。传说，药王孙思邈就是初唐最著名的炼丹家，为了研究医药和炼丹，他曾隐居在湖南和江西交界处的（现在的湖南浏阳）一个山洞里专心做研究。炼丹者都有很大胆的实验精神，经常采用硫黄、砒霜等有毒的东西，木炭也被认为是常用的材料。有一次，有人为了实验一款新的药丸，将山上挖的硫黄，加了一点儿带硝的石头和树皮一起加入了炼丹炉。火烧了一会儿，突然炼丹炉发出一声巨响，炸得人耳朵嗡嗡作响，这大概就是人类第一次听见火药的爆炸声。

这时，唐朝的炼丹者已经掌握了一个很重要的技术，就是硫、硝、炭三种物质按比例配合在一起，可以构成一种很容易燃烧爆炸的药，这种药被称为“着火的药”，即火药。有人把火药装在竹筒里，点燃后爆炸声音更大。北宋时，纸的制作技术成熟，人们便自发地用纸卷起来代替竹筒。先把纸裁剪成标准大小，里面灌上火药，再把两头用泥封住，加上导火线，就是一个基本款爆竹。再把单个的爆竹用棉线穿起来，五十到一千多个不等，像长鞭一样，所以又可以叫鞭炮。

明清时期，爆竹发展出繁多的花样，出现了双响震天雷、升高三级浪、二踢脚、飞天十响等品种，响声的次数、方式上都有不同。人们对爆竹有着不尽的兴趣，在火光的色彩和升空能力上，一步步试验，便有了象征盛世繁华的烟花。

烟花　关于光和色彩的古代黑科技

烟花其实是爆竹的各种改造和升级，主要结构都包含火药和药引，但通过添加不同的物质，要么发出不同色彩的光，要么变化出不同的声音，要么有助于发射到几百米的高空中去，还能以不同的花样爆破形成不同形式的闪光……古人研制烟花的能力，说明他们对火药的熟悉程度令人惊讶。

为什么烟花会喷到天空中百米后，再“嘭”的一声绽放出巨大的五光十色的星火“花朵”呢？具体做法是在火药中加上一定比例的铝粉、镁粉、铁粉等金属粉末和钠盐、锶盐等助燃发光剂，

在纸筒里的布局按先后燃烧的顺序排列好，待点燃导火索后，第一层燃烧带来推动力的成分，“嗖”的一声，烟花升上天空，没有燃尽的颗粒被依次喷出，颗粒中的火药和金属粉末遇到空气中的氧，发生第二次燃烧反应，便烧出了有亮度、有颜色的小火花。硬木炭粉燃烧会出现金黄色小星星，铁粉可产生钢蓝色小星星，铝粉可产生白色小亮星星……它们借助被设计好的火药的喷力，还可以产生蝌蚪游泳似的乱窜效果，要翻几个跟头也不是难事。夜空中盛放的烟花，星星点点，五彩斑斓。

烟花的制作工艺繁多，“月光”“日光”“流星”“白睡莲”“千丈梅”“倒垂莲”“小叶梨”……还有各种瓜果、人物造型，等等。在古代，叫得上名字的大概有两三千种，但一般制作人只会制作其中几种。这是因为在古代，硫黄、木炭和金属粉末这些原料的配比是家传秘密，掌握配方的师傅会谨慎选择传人。因孙思邈出名的浏阳，是我国著名的烟花产地，能生产大型烟花。燃放它升上天空能照亮半个城市，绚烂无比。

古人描写宋朝［淳熙十年（公元1183年8月18日）］观海潮时候的烟火大会，夜晚在江边燃放五种颜色的烟花，照亮了江边，等到烟花散尽、炮声终止以后，所有船只都像隐匿起来似的，一只也看不见了。

但凡有这样大型烟花表演的节日（以元宵节最火爆），人们往往都会拥上街头，边逛街市边等待，时间一到，万人翘首期盼，看人间最光彩夺目的花朵在空中盛放，然后转瞬即逝，等待下一朵烟花腾空升起、绽放，如此，节日氛围也被推到了高潮。

打铁花　铁火勇士下的漫天花雨

在我国河南、山西还有一种独特的烟花：打铁花。把烧到一千六百摄氏度以上的铁水，直接击打到高空，看着它如天女散花般飘落下来，听起来真是非常危险的游戏，但它竟然也传承了千年，一直有人以此作为节日活动进行表演。

大概是河南、山西自古就有丰富的煤炭和铁矿资源，冶炼业非常发达。在炼铁的过程中，飞溅的火花让有心人看到了不一样的美感，便琢磨出了这种灿烂又危险的烟花形式。它的工艺说起来并不复杂，需要一个炼化铁水的熔炉，倒入煤炭，用鼓风机加大火力，往里面添加废旧的铁，铝和铜也可以，等熔炉温度到一千六百摄氏度以上时，里面的金属便变成了液体状。打铁花师傅一只手用长把勺子将铁水舀出来，另一只手用木棒对盛着铁水

的勺子奋力一击，铁水就会迅速飞向空中，一棒铁花在头顶崩裂开来，而后又像流星雨一样从高空落下，转瞬即逝。一棒铁花未落，另一棒接踵而至，铁花飞溅，流星如瀑，灿烂夺目。

这样打铁花不仅需要体力，还需要胆量和细心，以及非常丰富的经验，这几点无论哪个做不到位，都会导致高温的铁水落下来烫伤人。打铁花的师傅们口口相传着一个口诀，“打白不打红，打快不打慢”，红白是指铁水的颜色，白色的要比红色的温度高，说明已经到达熔化状态，猛击才会变成细小的铁花，红色的则很危险，落下来还是炽热的铁坨。打击速度的快慢也很关键，一般打铁花都是在冬天，铁水舀出来后温度迅速下降，如果打慢了，或者位置不准确，也无法顺利变成飞沫状。这些环节的控制，都凸显着打铁花师傅的技艺水平，小的铁花直径大概三四米，厉害的师傅则可以打出三四十米大的巨型铁花，极为壮观。

因此，打铁花是勇敢者的游戏，可以称他们为“铁火勇士”。北宋时期，打铁花大型表演常常是炼丹道士与民间金、银、铜、铁、锡五门工匠，每年春节共同为祭祀太上老君祖师爷而举行的一种仪式，过节又加上祭祀，所以场面宏大。他们用新鲜柳树枝搭“花棚”，花棚上再绑上各种烟花爆竹，旁边装置炼铁的熔炉，打铁花时，师傅们将刚舀出的高温铁水打向花棚，铁水四散，铁花又引燃烟花爆竹，一时间，五彩缤纷，震天动地。

村镇的小炉匠铺、小铁匠铺，也会灵活举办一些小型的打铁花，不搭花棚，也不举行祭祀活动，只是选择一棵不太高的柳树或枣树，把鞭炮、烟花绑在树上，把群众自愿捐送的废铁化成铁水，用木板或木锨往树上打。虽然简陋，但在生活水平低下、文化艺术生活极度贫乏的古代农村，也给乡民们带来了无限而多彩的乐趣。

爆竹阵阵，烟花腾空，能与日月争辉，所有人在节日里都能得到快乐。

指尖工坊

《烟花爆竹安全管理条例》

随着现代城市的发展，过量无节制燃放烟花爆竹会带来大气污染，也会引发安全事故。为了加强烟花爆竹安全管理，预防爆炸事故发生，保障公共安全和人身、财产的安全，我国于2006年1月21日颁布了《烟花爆竹安全管理条例》，规范了烟花爆竹的生产、经营、运输和燃放。

火药与战争

烟花爆竹之外，火药另一个主要用途是作为武器。中国是火药与管形火器的发明国，在北宋，中国就把爆炸型武器与燃烧型武器运用在战场上，前者有震天雷，后者有火箭、火球等，后来还有突火枪这样的早期管形火器。一根粗毛竹能喷出火焰、浓烟与铁砂，这种火器在明清时被称为喷筒，一直用到清朝中叶，被中国人视为海战利器。

直到公元1326年，欧洲人才有使用火器的记录。

花灯

人间灯火流光溢彩

花灯，又叫“彩灯”或“灯笼”，彩色又闪亮的事物在农业时代比较难得见到，能给人带来新奇和愉悦，花灯便成了装点节日的必备物品。尤其是每年的正月十五元宵节，大街上挂满了花灯，男女老少手中提着花灯，处处流光溢彩，简直可以直接改名为“花灯节”。

元宵灯市　古代人的狂欢节

汉朝的时候，中国向印度学习佛法，皇帝听说在印度的佛教徒认为每年的正月十五是拜佛的最佳时间，为了在国内向民众弘扬佛法，他下令在皇宫和寺院中“燃灯表佛”，就是用点燃各种灯火向佛陀、菩萨表示敬意。慢慢地，这个活动从官方发展到民间，从寺院发展到街头，每到这天，从上到下，贵族与庶民都要挂灯，城乡一片灯火辉煌。

到了唐朝，元宵灯火发展成空前的灯市，当时的长安城是世界上数一数二的大都市，富裕繁华，有足够的人力和资本操办盛大的节日。元宵灯市一般是皇帝亲自倡导，这是他一年里少有的与民同乐的机会。他早早召集全国的能工巧匠，打造巨型的灯楼，最大的高一百五十尺（五十米），有二十间房子的大小，成为整个

城市上百万人口的聚焦核心。加上各条街道上挂起的大约五万盏各式各样的花灯，河里漂流的河灯，天空悬浮的孔明灯……就这个规模，估计现代城市也极少能做到，那时的长安，正月十五前后三天，通宵达旦人头攒动、流光溢彩，是周边各国人都翘首期盼的盛大狂欢节。

一两千年的传统，花灯必然会发展出多样的形式，按照功能分有座灯、吊灯、提灯、壁灯等，按照外观分类有纱灯、宫灯、龙灯、棱角灯、龙凤灯、花篮灯、礼花灯等，形状也有球形、长方形、正方形、圆柱形……走马灯是独特的中国传统灯笼。它的内部有一个可以转动的风叶，风叶上粘有人、马之类的剪纸，当灯笼内的灯烛点燃后，空气受热上升，形成气流，就会使风叶转动，风叶上的剪纸也随之转动，它们的影子投射到灯罩上，从外面看，就好像里面的人、马不停地走动，你追我赶，在奔跑一样。元宵佳节，大街上往往是人手一灯，但又各自不同。

红 灯笼与宫灯　中国文化的代表元素

花灯中最常见的形式要算红灯笼，也是使用最多的花灯。对于现代人来说，灯笼已经是典型的古代中国符号，在仿古风格的建筑、古代题材的影视场景中，一定会挂上一些大红灯笼。在世界各地，如果你看见了灯笼，也可以确定那儿肯定有华人生活。北京天安门城楼上，每逢重大节日、庆典，也会挂起八个直径两米多的大红灯笼，增添浓厚的喜庆氛围。

红灯笼的传统制作方法主要是用竹条、木条，红布或者红纸。基本结构是上下有圆圈的灯盘，灯盘上有凹槽可以固定竹条，竹条弯成括号一样的弧形，排列成一圈，竹条越多，灯笼的圆度越接近完美的“苹果圆”。一般直径2米的灯笼需要40根左右的竹条，直径3.5米的灯笼需要48根左右的竹条。所有竹条的两头分别固定在上下灯盘后，骨架基本完成，做灯师傅需要认真把骨架整理成周正的圆形，关键位置用线固定，防止变形。然后在骨架上涂上糨糊或胶水，将红色的布或者纸仔细贴上，刷糨糊的刷子必须是干净的刷子才行，否则，灯面看上去会脏脏的。裱糊的纸和布也必须糊得看不见接缝，才算完成。

最后再加一些金色的如意云朵贴在灯笼表面做装饰，或者手绘图案，或者写上自家的姓氏，一个基本款红灯笼才算完成。使用的时候，从下灯盘的开口处放进蜡烛、灯盏，固定好，点燃，灯笼便发出柔和的吉祥的红色光芒。

现代人制作红灯笼已经改成钢筋骨架、防水布面和LED灯，其更为耐用，但是少了亲手制作的乐趣。

宫灯，是有更高艺术价值的花灯，因为宫灯最早都是专门为皇宫贵族特别制作的，所以才叫宫灯。它的制作工序也比民间的普通灯笼麻烦得多，用的材料也更讲究，造型不仅仅是圆形，更多的是四方、八方、圆柱、花篮，或者是更复杂的小型建筑。

虽然它也用竹、木做骨架，但是是用上好的名贵品类（紫檀、花梨、楠木等），像搭建房子一样用榫卯结构搭成灯架，每根柱子、横梁，都可以加上雕刻、大漆、镶嵌等工艺，灯面的透光材质可以用纱绢、玻璃或牛角片，然后在上面请宫廷画师画上花鸟、山水等图案，在底部或者角上装上下垂的流苏和中国结。有的宫灯还加上金的、玉的等贵重装饰品，不厌其烦地精雕细琢，才配得上宫廷的雍容华贵。在清朝，这样的豪华宫灯经常被皇帝作为年底的礼品打赏给大臣和妃子们，在接下来一系列的节日中，这些宫灯自然成了众星捧月的主角。在1915年的巴拿马万国博览会上，北京宫灯第一次对外展出，便令全球观众惊艳，获得了金奖。

花灯可繁可简，都是人们在节日里给自己点亮的灯火和祝福，我们更应该继承的是古人的这份心思。在现代生活中照样可以为自己点亮节日，发散思维，会发现灯笼的制作工艺和材料并没有限制，连橘子皮、柚子皮、废弃纸盒、铝罐都可以做材料，用铁丝做骨架比起竹子、木头要容易许多，可以尝试不同的造型，做成我们喜欢的形象，比如维尼熊、小猪佩奇等。这样，我们就更能体会到古代长安城里的元宵之夜，人们提着花灯上街的心情了。

灯下活动丰富多彩

各种花灯使节日氛围更加浓郁，围绕着它，人们又添加进许多有意思的游戏活动或者艺术表演。比如“猜灯谜”，是元宵节的经典游戏，灯笼下面藏着写有灯谜的字条，人们路过的时候，可以取出来，打开猜一猜，然后去活动主办方那里汇报自己的答案，答对了，就能领到一份小礼品，答错了，也没关系，还可以开开心心去找下一盏藏着灯谜的花灯。在古代，不仅文化人喜爱这样的文字游戏，出来约会的男男女女，也很乐意一起竞猜灯谜，借此增进感情。

猜灯谜

另外一种在节日里的载歌载舞的表演活动，也叫花灯，后来跟灯的关系变得不紧密，经过长期的演变，结合了各地戏曲的做法，发展成了很有民间地方特色的花鼓戏。有的没有故事情节，就是在节日里载歌载舞；有的有简单的故事情节，十里八乡的老奶奶赶过来都能看懂的那种，是节日活动里很受欢迎的内容。

指尖工坊

少数民族的花灯节

除了元宵节，藏族、广西部分的汉族都另有自己的花灯节。西藏、青海等地区藏族民间传统的花灯节，各地的寺庙要展出酥油花灯供观赏，并举行“跳神”文艺表演。

酥油花灯展与汉地的灯市不同，主要是观赏酥油灯照耀下的酥油花——实际上是油塑艺术品。酥油花是用晶莹洁白、细腻松软的酥油为基本材料，糅合多种石质矿物颜料，塑造成各种艺术形象，比如树木花卉、人物山水、飞禽走兽、亭台楼阁，当然还有宗教人物形象。由于酥油不耐高温，遇热就会融化，所以制作酥油花只能在最冷的冬天，室内要禁火以保持低温。调酥油、和颜料都必须用冷水，甚至做花艺人的手都要不时地浸到冷水中降温，非常艰苦。各寺庙制作酥油花，都有自己一套独特的工艺，严格保密，以求每年灯节展览时不断推陈出新，出奇制胜。

放河灯

放河灯也称“放江灯”“放水灯”“放莲灯”“放荷灯”“漂河灯”，是一种古老的民俗活动，一般在农历七月十五中元节时举行。有些地区在每月初一、十五或亲人的忌日也会举行。这一天晚上，人们要把一盏盏河灯点亮，放置在河湖之中，让其顺水漂流，以此来祭奠先祖，祈福平安。

河灯通常是用各种色彩的纸制作成精巧玲珑的船形、莲花形、碗形等，中间放上蜡烛，下面用铁丝做一个托子，固定在物体上。在影视剧中，能经常看到放河灯的场景，人们把自己对未来生活的美好祝愿写在河灯上，让灯顺水漂流，漂向远方。

舞龙舞狮

龙腾狮跃舞出节日喜庆

舞龙和舞狮开始只是大型节日灯会的组成部分，跟跑旱船、蚌壳灯、花鼓戏、扭秧歌等一起，是一个节目，也叫龙灯狮子灯。但它们的精彩看点很多，越来越丰富和完整，集合了花灯、舞蹈、音乐，甚至武术、杂技各种内容，总能吸引大量观众，对表演者的专业要求也更高，于是慢慢变成了能独立出场的民间艺术。

从古至今，无论在中国还是在海外，华人的节日和庆典，甚至公司开业、寿辰喜宴这样召集亲朋好友聚会庆祝的日子，请龙灯舞狮表演助兴都是常见的。现代社会依然有大大小小的舞龙、舞狮专业团队存在，在一些农村，还保留着传统方式，一过春节，农民就请出本村的龙灯、狮灯，从正月初三到正月十五，走村串寨地表演，除了娱乐村民，还与其他村的舞龙狮队伍竞技比赛，其乐无穷。

龙灯　从雨神到中国代言人

龙在中国的传说中是管雨的，古代农业社会最希望上天赐予的就是一整年的风调雨顺，得到一个五谷丰登的“丰年”，整个社会其他行业也会跟着平稳发展，可以说雨下得好不好，是国泰民安的重要条件。所以龙虽然是人们想象出来的神仙，但每场及时雨都是它的显灵，连皇帝都认为自己是“真龙天子”，中国人则是龙的传人，龙于是变成了一种被崇拜的图腾。

龙灯的制作工艺，记录了人们是怎么把想象中的神灵变成现实形象的过程。古书中记载宋朝杭州人以“草缚成龙，用青幕遮草上，密置灯烛万盏，望之蜿蜒，如双龙飞走之状”，用草扎成，做成蛇类蜿蜒的形状，里面还放置很多烛灯，在晚上看灯火闪闪，更像有生命、有灵气的龙了，就这样，人们以做一条龙的方式来祈求神龙的保佑。

按制作材料分，有用稻草扎制的草龙，用竹片扎制的篾龙，用布缝制的布龙，还有用长条板凳接起来的板凳龙；按灯长度分，有五节、九节等，最长的可以有上千米；按地域分，有南有北，每个地方的龙灯制作方式和表演方式都会略有不同。

大部分龙灯都是用竹、布、纸、铁丝为原料制成，先用大小粗细不同的竹篾，分龙头、龙身和龙尾，搭好骨架，用纸或棉绳连接固定好。

龙头部分的龙角和胡须一般用铁丝或钢丝先定好形，然后跟做花灯一样，根据骨骼的结构在上面糊上彩纸、彩布，按牙齿、舌头、龙珠、嘴唇、眼睛、眼线、龙角、腮、胡须的顺序依次完成。有些地方，还让龙口里含一颗能活动的彩珠，这颗彩珠能做到多精巧呢？据说，崇山县的龙珠由36个大小不同的正方形竹篾环叠成正好有一百个角的球，称“百角球”。为了有更炫彩的效果，再贴金箔、银箔、小亮片作为龙鳞，细节的部分用画笔和颜料补充，眼睛的红色要选最耀眼的那种，现代人做龙眼干脆用两只大灯泡来代替。

龙身，因为比较长，一节从一米到两米不等，一条龙从三节到十几节不等，一般用布做成龙衣给它们穿上。先将布料平铺，画好尺寸，经过巧妙裁剪后，再进行缝制，同时将龙鳍和装饰物也一并缝在上面，然后将做好的龙衣裱糊到龙身的骨架上，龙身部分就制作好了。龙尾的装饰相对较简单，整体形象跟鱼尾差不多，龙尾的骨架套上六个龙鳍，糊上彩布和各种亮闪闪的装饰物。最后各部分分别装上手柄，连接在一起，一条龙就诞生了，等到舞龙队员的手上，就能活灵活现地腾空飞起了。

舞龙时，一人持龙头，龙身每一到两人拿一节，最前面还有一人持彩球做引导动作，看上去这条龙总是在追逐捕捉彩球，称为“龙戏珠”。完整的舞龙队会配有锣鼓乐队，在欢乐的锣鼓声中，巨龙左右翻卷，蜿蜒腾挪，忽而腾空，似飞冲云端；忽而低下，如破浪入海。

古时候，各个地方、各个村落都有自己的舞龙队，大半个正月都在走村串寨到各处进行表演，难免要一争高下，一些动作的惊险程度会出人意料。有些龙头和龙身中，都装有蜡烛或者燃烧的松枝节，在舞动的过程中，龙身往返翻腾穿梭，烛火不熄，更不能偏倒引发火灾事故，无论是制作还是表演，像杂技一般，一点儿都不能出错。表演到精彩处，舞龙者把预先准备的硫黄、白酒、烟花等易燃物从龙口或龙身喷出，火花四射。引导龙头动作的彩球，球内可装木炭、柴油或其他燃料，点燃时变成一个火球，像燃烧的流星，不仅能吸引人们的目光，也让龙变得更有激情。舞龙的原始目的是希望与神灵沟通，借着舞蹈表现出爆发力和生命力，相信上天看到也会被感动，从而多眷顾大地上的各种生灵。

更有一种惊心动魄的舞龙表演是高跷龙灯，舞龙队的队员全部踩着几十厘米高的高跷，穿着戏曲角色的衣服，把龙灯高举在半空中，前面的彩球舞者做出各种武术招式，上下翻飞，舞龙的十几个人配合得天衣无缝，让明明分很多节的龙身浑然一体，在空中腾云驾雾。围观的人们，既要看舞龙队的脚下功夫，又要看龙的空中技巧，加上锣鼓紧迫热闹的声乐，咚咚锵咚咚锵……像是自己也置身龙穿梭的惊涛骇浪中，不由得爆发出阵阵喝彩。主人看着精彩表演已经到达高潮，赶紧点上一串鞭炮，这种快乐，可以让人怀念一整年。

狮灯 练最专业的武功，抢最高处的绣球

舞狮有南北之分。北狮起源于东汉时，与中国相邻的西域安息国，把狮子作为礼物送给东汉皇帝，并以狮舞表演做戏。此后，

北魏、隋朝、唐朝也有狮子进贡，狮舞就流行开来。关于南狮的起源，据说是因为一场战争。我国南北朝时期，南朝宋军士兵与今天东南亚一带某个国家打仗，对方的士兵骑在又高又大的大象上，手上拿着长矛，宋军的士兵拿的是短兵器，面对大象不幸惨败。后来宋军想了个办法，他们认为应该请出丛林里的百兽之王狮子来对战大象。于是，他们用布、麻等材料做了一些假狮子，装点得五颜六色，铜锣一般的眼睛，银色的獠牙，加上血盆大口，看上去又奇怪又凶猛。而且，每只狮子蓬松宽大的皮毛底下可以隐藏两个士兵。战斗再次打响，宋军放出的“雄狮”果然把对方的大象吓得到处乱窜，宋军最终大获全胜。从此，舞狮的活动便从军队传开了。

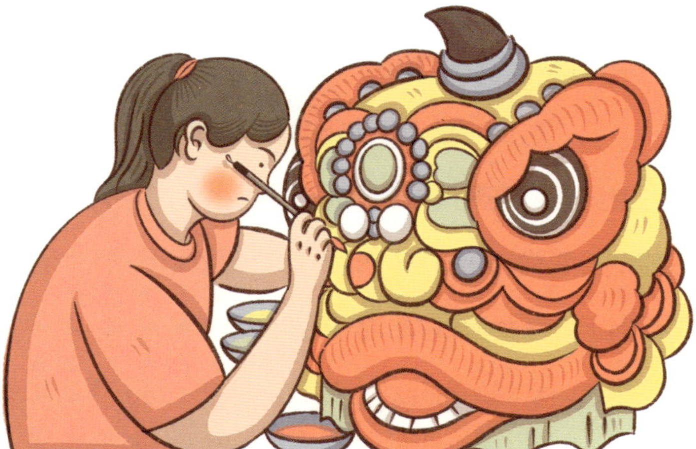

民间的舞狮跟舞龙的制作和表演形式类似，只是在有些乡镇村落或者族群格外重视一些仪式。春节前，刚过腊八，人们便准备好猪头、猪尾作为祭品，敲锣鼓，燃放鞭炮，从祠堂里恭恭敬敬地请出存放在这里的狮头框架。框架基本上用竹篾捆扎而成，据说有些制作精巧的狮头，光捆绑竹篾连接的绳结就有一千多个。狮头骨架可以连续使用，每年请出来的时候重新给披上一层“血肉皮肤”，以保证次次出场都能光彩照人。狮头跟龙头一样也是用彩纸、彩布糊成，但是狮身跟龙身不一样，得选用非常结实的绒布，因为舞狮是一个相当“武力”的过程，材料得经得起各种撕扯才行。

重新糊扎好的狮子，供于祠堂的桌子上，然后杀一只大公鸡，用鸡血点化眼睛，狮子便可活灵活现。跟龙灯一样，有了灯泡以后，人们更愿意用灯泡来做狮子的眼睛。

能舞狮的是村里年轻力壮的人，演出前进行密集练习，一年里的其他时间里，也得跟着上一辈的师傅经常练功，才能熟练掌握舞狮的专业套路。同时，舞狮队的联络员要规划好十几天的演出路线，向十里八乡送出“出灯帖”，说明本村的狮队将于正月某日到某村演出，欢迎到时候给予接待。虽然狮身只需要两到三个人来舞动，但整个队伍却可以很庞大，有开路先锋两到四人，手持长柄刀叉，走在队伍前面开路，保障狮队一路畅通；紧随其后的是领狮人，像导演一样拿着狮球，狮球又叫绣球，是用竹子编织的圆球，外面挂红色流苏和小铃铛，领狮人表演时引导狮子做出各种动作；护卫狮子的，还有人数不限的花灯使者，主要是为了让更多的村民参与进来；最后，正规狮队必须自带乐队，到哪儿都有锣鼓咚锵的节奏，以便有先声夺人的气势。

豪华的阵仗只是为了渲染节日氛围，在一些专业舞狮人员心里，披上狮头，就是一场比武。最开始，舞狮只是把自己想象成一头吉祥动物，

做出各种动作：翘首仰视、眨眼卖萌、回头低顾、摇头摆尾、舐毛搔耳，千姿百态，妙趣横生。再加上配合乐队的节奏，有快有慢，有轻有重，祥和快乐。后来，表演形式越来越丰富，有时候一家主人可能请好几支狮队一起出场，在高处悬挂红绣球或者菜叶，鼓励狮子或“取红”，或“采青”，这就需要比拼硬功夫了，除了举着狮头狮尾，表演南北狮灯中的基本动作，为了自保和力争压倒对方，就要掺杂进武术套路中的铲腿、扫钩、弹跳等，从斗舞变成“比武”。这点在早期的香港电影中可以看到，黄飞鸿就是传说中的舞狮高手。

惊险的舞狮表演，以临时堆叠起来的木桌为舞台，十几张大方桌（也有用椅子板凳的）堆成金字塔状，桌子之间并没有牢固捆绑，四脚交接处放了一张防滑纸，最上面一张桌上放置红绣球。表演开始前，主人点上一炷香计时，锣鼓响起，狮子先向观众行礼，然后纵身踏上方桌堆成的金字塔，一步一步向上攀登。更惊险的是，让两组或者几组狮子同时去竞争，他们不仅要躲过对手的干扰迅速往上爬，还不能忘记舞狮子的基本动作，要眨眼卖萌、翻身打滚讨好观众，最重要的是桌子金字塔不能垮掉。最终，一头狮子站上了最顶端的方桌，叼起彩球朝天而立，引得观众惊声尖叫。这算得舞狮技艺的高峰，是乡间一绝。

时至今日，舞龙、舞狮仍然是人们庆祝节日时的常见节目，只是乡村自发的龙狮演出队大大减少了，春节到元宵节期间，人们也少了跟着龙狮演出队走村串寨的乐趣。但是在政府的倡导下，这项集合了舞蹈、音乐、武术和民间工艺的活动变成了体育竞技项目，还有官方的协会和组织。1995年2月，国际龙狮总会在香港成立，总部设在北京。了解和学习舞龙、舞狮，对表演者是一种极好的身体和精神上的锻炼，对于观众来说，在这两种飞舞跳跃、颜色鲜艳的动物身上，能感受到的是中国古人难得彰显外露的原始的生命力和传承了几千年的快乐。

指尖工坊

【怎么看懂狮子在干什么?】

舞狮时用音乐和动作表现的地点有:山、岭、岩、谷、溪、涧、水、桥、洞等;

狮子显露出的神情有:喜、怒、哀、乐、动、静、惊、疑、吼、寻、盼等;

具体的动作有:翻、滚、卧、闪、腾、扑、跃、戏、跳等。

狮子出洞时动作慵懒;探路探洞时小心多疑;登山时昂首阔步;过桥时瞧见水中倒影时骤然愤怒;戏水时自在欢呼;采食野果时思疑贪馋;吞食时有回味;呕吐时颓丧;月夜吐球时谨慎;戏球时开心,等等。人们在舞狮眼花缭乱的动作和变幻莫测的神态中,细细品味出内在的含意,会有完全不同的观看乐趣。

锣鼓喧天

华夏之音 惊天动地

节日盛会，从来离不开音乐。中国古代有独特的戏曲音乐，也有独特而丰富的乐器队伍。我们可以把戏曲音乐简单分为吹、拉、弹、打四大类，分别用金、石、土、木、匏（páo）、革、丝、竹八种材料制成，称之为“八音”。从发展顺序来看，先流行起来的是打击乐，然后是吹奏、弹弦，拉弦乐成熟得最晚。

鼓 多功能发声器

什么方法出声音最快？人们最先想到的肯定是敲打。从发现的出土文物来看，可以确定鼓大约有五六千年以上的历史，原始人敲打土陶罐、陶盆时，可能就有了鼓类乐器的启蒙，声音与声音的碰撞节奏，则是音乐创作的启蒙。从新石器时代开始，就有了陶鼓。可以想象，那时候人们能利用的材料，只有泥土、水、火以及狩猎到的动物。陶鼓又称土鼓，是用陶土烧制成鼓框，再蒙上一层动物皮做成的。

在恐吓或追赶野兽的时候，鼓还只是一个发声器；在早期的祭祀活动中，鼓声被认为是可以与神沟通的神器，有通天本领。那时，人们把对天上的神、国家举行的各种祭祀当作做人的基本之“礼”，但礼的仪式不能没有乐的伴随，哪怕是很穷的乡下，依然要敲打起瓦罐陶盆伴奏，高声歌唱。这种礼和乐的配合，一方面是认认真真演奏给神仙看和听，另一方面也是教育、感化人们的手段，如果一个社会这类事情做不好，那就是“礼崩乐坏”，制度和人心都出了问题。

《左传》中说：“国之大事，在祀与戎”，意思是国家最重要的两件事是祭祀与战争。在战场上，鼓更是担当起了指挥官的角色。古代军队通信水平较低，几千人、几万人甚至十几万人的战场上，将军的命令怎么尽快传达给最前线的士兵呢？士兵只能依靠看自家的军旗和听自家的军鼓。用牛皮做的大鼓声音整齐沉重，传播距离远，非常适合作为发起冲锋的信号。当士兵在战场上听见鼓声，就知道应该拼命向前进攻了。如果战场太大，就安排几面鼓像接力赛一样陆续传递命令。为了强化这一效果，古代军规的第一条基本都是“闻鼓不进者斩”，听见鼓声不行动，可是要被砍头的。

古代的城市，一般都会有一座鼓楼，就是以前放战鼓的地方，一般建在城市中心，高度也要高于绝大部分建筑。当大鼓响起时，整座城市都能清楚听到，战争的时候传递军情，平日里则向全城百姓报时，是一座公共时钟。随着社会的发展，鼓的应用范围更加广泛，在周朝的时候开始变成乐器，皇家和民间的乐队，

各种戏剧、曲艺、歌舞、赛船、舞狮、节日集会、劳动竞赛等都离不开鼓类乐器。那种从祭祀和战争场面延伸出来的鼓动人心的力量，散布到华夏大地各个角落。

全国都有的东西往往名目繁多，根据不同的材质、用途、形状、地域和使用民族，鼓的名字多到眼花缭乱，有军鼓、大鼓、腰鼓、铜鼓、点鼓、排鼓、渔鼓、花盆鼓等。还有只在古书里有名字，但具体样子已经失传了的鼓也不少。

鼓的发音原理是击打会震动鼓膜，产生声波在空气里传播，传到人的耳朵里震动耳膜，我们就听见了这个声音。振动的强烈程度决定声音的强弱，如果几个物体的频率类似，它们就会产生共振，使得强度大大提高。鼓的基本设计就是鼓面和鼓腔共振，共振的频率跟鼓皮的面积和绷紧的程度有关系，这就是为啥每面鼓的声音都会不同。

知道这个原理，我们也就知道虽然鼓的名字多，但

制作方法都是遵循这个简单的“共鸣腔”原理。这个共鸣腔结构主要由鼓皮和鼓身组成，其他配件有的安装底座，有的配置鼓架；有的吊起来，有的挂在胸前或腰上。简单一些的，用动物皮革蒙在鼓框上，用手或者小木棒就能敲打；复杂一些的，固定兽皮的铆钉可以雕刻花纹，鼓身可以镶嵌金银，可以涂刷大漆，底座支架也可以雕龙画凤……

跟其他手工工艺一样，很多环节要做到位的话，需要经验丰富的老工匠才可以，比如一人多高的牛皮大鼓，能手工做好某些工艺的工匠屈指可数。数块一两米长的木板经过制鼓师傅刨出精准的弧度，然后熏干、烘烤、定型，多次涂胶黏合成圆形，加绳子或竹篾绑紧，然后鼓圈内安装弹簧，这么做是为了在敲击大鼓时产生回音。这些看上去复杂的工作，其实都是交给徒弟做的，真正需要师傅出手的是鼓皮部分。

制作牛皮鼓的牛皮在浸泡软化后，全部要用手工刮削，因为中间要薄，皮边要厚，机械做不来。成千上万刀刮下来，用力过猛可能刺穿牛皮，用力不足则刮不干净，影响鼓的音质，而且整张皮连隐藏的刀伤都不能有，不然这面鼓就经不起敲，鼓皮容易破裂。处理好的牛皮随后蒙到鼓身上去，还流传着一首歌诀：“紧紧蒙张皮，密密钉上钉，天晴和落雨，打起同样音”，蒙紧后用钉子固定，考核标准是——无论什么天气，鼓音不变。

中国的打击乐，其实就是锣鼓乐，锣是鼓的最佳拍档。鼓在战场上命令战士们进攻，那锣就是命令战士们撤退，叫“鸣金收兵”。所以，在一些戏曲里，仅靠锣与鼓声，就可以表现激烈的战争场面。

在逢年过节、欢庆丰收的时候，人们在城市、乡镇都搭起舞台演出各种戏剧，可能大多是户外演出，声音大的乐器更受欢迎，由鼓、锣、锣的近亲铙钹（náo bó），就可以组成一支简易的现

场乐队。

为什么说锣和铙钹是近亲呢，因为它们都是铜片制作的乐器，锣和鼓用的是槌儿敲击出声，铙钹是用两片铜片互相敲击，这两个家族都有大大小小很多成员：钲锣、筛锣、大锣、小锣（手锣）、马锣、镗锣、云锣；大铙、钹、大钹、水钹、齐钹、镲钹、小钹……每个乐队自由配置，可多可少。

虽然乐队的乐器简陋，但编排、演奏出来的音乐可不简单，它们表现战争场面时，刀枪飞舞，战马驰骋，风云变幻……听众们在台下仿佛身在战场，跟千军万马一起驰骋拼杀，真是豪情万丈。如果舞台上表演的是两位武将打斗，那锣鼓声必然紧密缠斗，一会儿锣占上风，一会儿鼓占上风，谁的战斗力强，战斗到了高潮还是尾声，听音乐就能知道了。但是如果要表现小女孩轻盈愉快的脚步，一只小锣轻轻的“台台台”就可以了，一位神气的官员出场则是有点儿骄傲有点儿自信的“镗镗镗”……细腻和粗犷，无论是宏壮的民族气派还是独特的东方神韵，古代音乐人将锣鼓玩得出神入化，而他们平时，很可能就是个种地的农民。

指尖工坊

曾侯乙的古典打击乐队

战国时，存在过一个小诸侯国——曾国，由于它实在太小了，以至于在各种历史典籍中对它完全没有记载。然而，随着1978年曾侯乙墓的开启，小小曾国开始在两千多年后突然举世皆知。墓中共出土各类随葬品约一万五千四百零四件：青铜器宛如刚放入地下，漆木器没有风霜痕迹，竹简墨迹清晰，尤其是配套完整的编钟、编磬等乐器更是世所罕见。

钟和磬是跟鼓一样古老的打击乐器，钟像是倒扣的青铜杯子，磬是磨成片状的大理石，编钟编磬，顾名思义，就是由许多个钟和磬编组在一起的乐器，因为一个钟和磬只能敲出一个音色音阶，像单个的钢琴键盘一样，将它们按音律、音高组合在一起，才能完成各种曲子。

看得出来这位曾侯乙生前兴趣广泛，不仅是一位军事家，而且也非常重视乐器制造与音律研究，用今天的话说，就是一位“超级音乐发烧友”。随他下葬的乐器中，有六十五件编钟、三十二块编磬以及当时流行的鼓，实为集打击乐器之大成，音乐界之奇观。编钟上还刻有一些文字，是绝大多数在出土前人们都不知道的音乐知识，有兴趣考古的同学以后可以去专门研究。

锣鼓经是锣、鼓等中国传统打击乐器独特的记谱方法，古代没有录音设备，每一场音乐都是乐队的现场演出，为了让各个演奏者在正确的节拍处打击正确的乐器，并让演员清楚知道什么时候一定有什么样的锣鼓，于是把每一种乐器的打法都取个名字，例如“台”代表小锣、“匡”代表大锣、“七”代表铙钹等，有种特定的组合法叫“慢长锤”，它在锣鼓经上的念法就是“匡七台七匡七台七……”，是不是很有趣呢？

春牛春杖，春幡春胜

寓意丰富、形式多样的古老习俗

立春是中国古人最早确立的节气之一，在二十四节气里排名第一。春天意味着山河解冻，万物复苏，也意味着田地可以开始新一轮开垦和耕种。农民们经过冬天的休养，摩拳擦掌准备开工，皇宫里皇帝和大臣们则忙着展望和规划新一年的计划，全国人民都希望这一天是一个好的开始，于是要举行隆重的迎春礼。

古 诗词里看到的立春景象

现代中国已经顺利进入工业化和商业化，城市里生活的人们基本不被节气所影响，立春这天的重要性，远远不如古代，很多立春习俗、用品，也就逐渐陌生、消失了。翻看中国古诗词，会发现名字里直接有“立春”的就有好几百首，一点儿不比除夕少。里面经常出现的一些风物，可能很多我们都没有听说过。试读一首宋朝苏轼的《减字木兰花·立春》:

春牛春杖。无限春风来海上。便丐春工。染得桃红似肉红。

春幡春胜。一阵春风吹酒醒。不似天涯。卷起杨花似雪花。

这里的春牛、春杖、春幡、春胜，都是立春这天举办活动所用的东西。

春牛春杖说的是一个非常古老的“打春牛”习俗，在西周的

时候就有了。据说是周公制作了一种立春土牛，以它来示意这一年农耕开始的早晚。到了汉朝，鞭打春牛开始流行。立春日清晨，京城百官着青衣、戴青帽、立青幡（旗帜），有些为了表示虔诚，不坐轿子，不骑马，步行送土牛于城门外，扮作勾芒神的人用线绕牛三周，然后鞭打，直到把土牛打碎为止，意思是打掉牛一冬天的懒惰，督促鼓励广大农民开始春耕，勤奋劳动以求一年的丰收。打完春牛之后，人们哄抢碎牛的散土，认为这个土适合用来养蚕，还可以帮助人们避开瘟疫。当然，各地的习惯不同，方式也各异。

“春牛”一般用桑木等木头做骨架，前一年的冬至节后取土和泥，塑造成牛形。制作春牛有很多工艺技巧之外的讲究，比如牛身长三尺六寸五，象征一年三百六十五天；牛尾长一尺二寸，象征一年十二个月；四蹄象征四季；而打牛工具春杖是用柳条制作，象征春天，而且这根柳条鞭子长二尺四寸，代表二十四个节气。也有用彩纸扎制的春牛，几杖打破，牛肚里藏的干果、糖果

撒一地，观看者上前争抢，乐趣就更多了。

打春牛一般是各地政府举办的，有的地方可能不是所有百姓都能参加，所以人们用泥塑和札纸制作“仿品”，或作为小孩子的玩具，或作为走亲访友时赠送的春礼。

春 幡春胜　有春风处就有幡胜袅袅

除了鞭炮、春联，古代能给春季节日营造氛围的，还有家家户户挂起的春幡。幡就是旗帜，有的用剪纸，有的用编织，有的用彩绘……成块成条，套在旗杆上高高地飘扬起来。宋朝古书里记载，每到了春节和立春，宫廷里就要安排专门制作各种器物的文思院准备一些小春牛，用柳枝和小彩幡装饰，分送给各宫和大臣们。立春这天，赏赐百官春幡春胜，地位高级的亲王得到的是镂空金箔做的，其他是用金加银和

绫罗绸缎做成。这些都证明，当时春幡是春天里的必备品。

宫廷和百官的喜好影响到民间，但是昂贵的材料只有权贵才用得起，普通家庭更多是剪纸成幡，贴在家具上、蚊帐上，插在墙上，挂在屋檐下、院子里的树枝花枝下……不知从什么时候起，男女老少开始流行剪彩色罗、绢或纸为长条状小幡，戴在头上，像是一种头饰簪花。古时人们叫头饰为“胜”，所以春幡慢慢地就和春胜同用了。唐宋时期，春幡春胜作为饰品，其制作更为精巧。

但是，不是所有头饰都能叫春幡春胜，只是立春节气佩戴在头上，主要是用来避邪和迎春，所以，不仅爱美的女性戴，就连男性和小孩也都会戴。有的人为求吉利，甚至会戴满头。官员们的迎春活动，也一样会戴着春胜。不过，爱美的太太、小姐，喜欢更有花样的，比如有的地方流行一种用青色绸子剪成春燕、春蝶形的小春幡，穿成一串，戴在头上，出门踏青看花，随着春风和步伐轻轻摇动，漂亮极了。宋朝辛弃疾的词句：“春已归来，看

美人头上，袅袅春幡”，描写的就是这种景象。

唐宋时期，中国繁荣强大，很多周边国家都派人来学习交流文化艺术，春幡就和“鲤鱼跳龙门”的传说让当时的日本人传了回去，用来庆祝他们的男孩节。这是从江户时代传下来的习俗。鲤鱼旗有自己的特殊含意，两条大鲤鱼一红一黑，红色代表母亲，黑色代表父亲，而夹在中间的小蓝鱼，则是代表这个家庭中的男孩，寓意着在父母的陪伴下，希望男孩健康成长，将来出人头地，就像鲤鱼跳龙门一样实现飞升。

指尖工坊

二十四节气是怎么来的?

我国是较早发展农业的国家，先民很快发现“天时”的作用。韩非子说过，如果天时不对，就是出现十个尧那样的圣人，也不能在冬天长出一根麦穗。“天”指的是宇宙和地球表面的大气层。大气层中出现的种种气象现象：阴晴冷暖、雨雪风霜，直接影响着农业生产。人们经过长期的观察，依据经验总结出一年四季中各种天时天象的变化规律。

从现代天文学角度看，地球围绕太阳旋转的轨道面的圆周角是三百六十度，我们的祖先就是根据太阳直射在地球不同位置的气候变化情况，每隔十五度，划分一个节气，每个节气相隔约十五天。为了便于记忆，先民们根据节气名称的顺序，编写了一首二十四节气歌诀：

春雨惊春清谷天，
夏满芒夏暑相连，
秋处露秋寒霜降，
冬雪雪冬小大寒。

洒扫庭除

洒扫清洁展现良好风貌

在古代，节日或者其他重要的日子里，人们都要做一项准备工作——沐浴更衣，就是洗澡、洗头，再换上干净的衣服，把自己收拾得体体面面的，表示对重要节日的尊重和重视。春节前，人们也有在腊月里“扫年”的习俗，无论大门小户，家家都要扫庭院、擦门窗，里里外外打扫得一尘不染，干净舒心地迎接新年到来。

在农家，新年前搞好卫生还有更重要的意义，农民们一年忙到头，除纳粮交租外，所剩余粮不会太富余。他们祈求灶王爷在腊月二十四上天奉本时多说好话，以便玉帝开恩，在除夕前降下年粮——米雪，让他们饱饱地吃顿团圆饭。为了迎接这个恩

赐，农民们每年都在腊月二十八前，用心将宅院里外打扫得清清爽爽，以迎接天赐的好福气。

在《朱子家训》中："黎明即起，洒扫庭除，要内外整洁。"如果要维持好一个家，不管是不是节日，每天天一亮，就要起床打扫卫生，这就不只是节日期间才有的要求了。这些都说明，在没有沐浴露、洗发水、洗衣粉、洗衣机和扫地机器人的古代，人们依然把个人和环境卫生做得很好。

沐浴，与现代人所说的洗澡大体相同，只不过古人把这个分得极细，东汉许慎《说文解字》中是这么解释的：

沐，濯（zhuó）发也。

浴，洒身也。

洗，洒足也。

澡，洒手也。

象形文字中的"沐"和"浴"

"濯"和"洒"都是洗的意思，古代的沐浴与今日的洗澡不完全相等，只有把许慎对"沐""浴""洗""澡"的解释合起来才相当于今天的洗澡。原始社会洗澡，大概是夏天跳到河里、溪里，冬天烧水倒进木盆即可解决；在商周时期，大概已经成为一种生活习惯，甲骨文和金文中都有"沐浴"的象形字。

“沐”字像把头发放入盆中梳洗，“浴”字像人泡在盆类的大容器中，人的两边还有砂锅加热水。

秦汉时，中国人大概是三日一洗头、五日一沐浴的频率。以至于官府每五天给的一天假，也被称为“休沐”。古代洗澡远远没有现在这么方便，是个大动作，以至于每周都有专门的洗澡假。南朝的皇帝萧纲还专门著有《沐浴经》三卷，会出现这样正儿八经研究洗澡的著作，也是因为沐浴的意义超出了单纯的洁身净体、润肤养身的范围，而将其视为隆重礼仪的前奏。皇帝祭天拜祖、僧人诵经念佛之前，先要沐浴表示虔诚崇敬，民间遇着节日和重大日子，洗个澡调整一下自己的状态，让自己干净清爽，表示对重大节日的重视。

有人会好奇，古时候没有洗发水、沐浴露，古人是怎么清洁身体的？在先秦的时候，人们大多是用草木灰来清洁身体，用淘米水来洗头，据说洗完之后，头发乌黑光亮。

丝绸之路开辟后，香料的进出口道路打通，产自印度、阿拉伯和欧洲等地的檀香、龙脑、乳香、鸡舌香等纷纷进入中土，西域来的制香匠将研磨得细细的豆面与各种珍贵香料末混合，制成了洁净彻底、肌肤留香的澡豆。澡豆虽然好用，但因配方所用材料多且昂贵，制作起来非常烦琐。不过，富贵人家使用的澡豆中掺加名贵香料，却是最普遍的情况。民间则是采用廉价的绿豆、白豆等为原料。“澡豆”在古代可以说是全能的去污产品，洗手、洗脸、洗头、洗身、洗衣服，总而言之，一切污渍、油脂，澡豆全能搞定。

到了宋朝，澡豆不再只做成豆粒状，而是将天然皂荚捣碎研细，加入香料，制成橘子大小的球状，时称“肥皂团”，因加入了香料，又称为“香皂”。明清时期，“香皂”的制作工艺进一步改进，采用了一种猪的内脏猪胰子，去污功能更强。每年冬季杀猪之后，许多人家都会将猪胰子取出，洗干净污血，撕除脂肪后，研磨成糊状，再加入豆粉、香料等，均匀地混合后，经过自然干燥，便成可作洗涤用途的“香胰子”。这种香胰子除质地细腻、去污力强、温和不伤皮肤外，还能防治手冻手裂、皮肤干燥，能润肤护肤，是天然环保的护肤佳品。

洗衣　从草木灰开始的洗衣之路

在没有洗衣机的时代，洗衣是一项重要的家务劳动，勤劳的女性在小溪、小河边洗衣服的场景经常被画进画、写成诗。古代四大美人之一的西施在河边洗衣时，清澈的河水映照出她美丽的身影，水里的鱼儿看见她都忘记了游水，渐渐地沉到河底，于是西施有了这个“沉鱼”的代称，用来形容最美的美人。

西施这样的美人用什么方法洗衣呢？最简单的工具有捣衣杵，也叫洗衣棒或棒槌，形状有点儿像棒球杆，长约三十厘米，洗衣时把衣物在水里浸泡，再用棒槌使劲敲打，靠捣和打的力量，用水把衣服上的污垢带出来。居住在离小溪、小河比较远的人家，就打井水倒进木盆来洗衣。除了棒槌，古人还发明了搓衣板，在很长的历史时期里，人们的洗衣工具都没有太大的变化。世界上第一台洗衣机直到19世纪才被发明出来。

古代用来洗衣的去污剂有草木灰、柴灰、皂角、澡豆等。《礼传·内则》记录了用草木灰去污的用法：“冠带垢，和灰请漱；衣裳垢，和灰请澣。”因为草木灰含有碳酸钾，具有碱性，并且有一定的摩擦性，可以有效地清洗厨房用具和衣裳上面的污垢。如果往草木灰里再加上贝壳灰，其中的氢氧化钙跟碳酸钾发生化学反应生成氢氧化钠，俗称烧碱、火碱。直到今天，肥皂、香皂和其他种类的洗涤用品对烧碱的需求量，依然占烧碱使用的百分之十五左右。

皂角是天然的去污植物，长在皂荚树上。它含有丰富的胰皂质，具有很强的清洁能力，捣碎了就可以直接用。《冷庐杂识·油污衣方》记录着一则用皂角去衣服上油污的方法："油污衣，面涂法最佳。用生麦粉入冷水调匀，厚涂患处，越宿干透，以百沸热汤和皂角洗之，油化无迹。"魏晋时的古人开始用皂角和澡豆来洗衣物，将皂角捣烂，做成球状，也能用于洗脸、洗身、洗头发。

古代也有洗衣店，不过是叫作浆洗房。一般是有钱的大户人家才会把衣服拿到浆洗房去浆洗。浆洗房的工人洗干净衣服后，会再用浆粉浆洗一遍。浆粉一般是米汤或者是淘米水，放在一口大锅中用小火慢慢地煮沸，奢侈一点儿的则是用淀粉加水稀释后再煮至沸腾。等浆水温度放到温热，将洗好的衣服放进去不断搅拌，让衣服完全被浆水浸透，再浸泡个三到五分钟的样子，然后捞出来用清水漂洗，晾干后还要用熨斗熨过。不用奇怪，其实熨斗在汉朝就是家庭中常见的用具了，当时是用青铜铸成的，外形和古代的一种叫作“熨斗”的烹调用具很相似，所以，人们后来就把它统一称为熨斗了。熨斗看起来就像一口没有脚的平底锅，在熨衣之前，先把烧得通红的木炭放在熨斗里面，等到熨斗的底部热得烫手了之后，再用来熨衣服。所以，有的人也将熨斗叫作“火斗”。这样经过专业浆洗和熨过的衣服会更整洁，颜色也更鲜亮，穿在身上服帖笔挺，让人看起来更精神。

扫尘　野鸡尾巴带来的灵感

人类自从有了用来居住的房子和庭院，处理垃圾就成了日常工作。原始人的篝火灰烬、吃完的瓜皮果壳等，用手捡不太方便，当时，人们多是折些草木枝条聚成捆，用它去划拉干净地面，衍生出“扫”的动作。

扫地的扫帚有它自己的传说，据说由鸡毛掸子演化而来。夏朝时，有个叫少康的人，偶见一只受伤的野鸡在地上扭动爬行，尾部羽毛扫起很多尘土，于是，他收集了一些鸡的羽毛，扎在一根棍子上做成鸡毛掸子。可惜鸡毛太软，又不耐磨损，只适合扫桌面浮尘，扫地就成了“一地鸡毛”。于是，后人便用耐磨的竹枝或者高粱秆代替鸡毛，制出了扫帚。

“帚”字现在念“zhǒu”，但古代时念“chú”，大扫除的“除”音，就是用笤帚扫地时，一扫一扫发出的“chu……”声，读音就是模仿它扫地的声音而来。如果我们看甲骨文，“帚”就是长长的一棵扫帚苗的样子，中间的一个符号表示把它捆起来，捆起来压扁就是扫帚。

甲骨文　金文　小篆　隶书　楷书

金文基本上也是上为扫帚头，下为捆扎的根秆。小篆有不同点，扫帚的头拉长了，表示有手一样的功能，人们经常用手拂去、除去灰尘，扫帚把儿部分的符号也拉长了，像个“巾”字，像巾能擦拭、抹干净一样，因为扫帚也是为了能打扫干净。隶书根据小篆来的，其后草书、行书都是根据隶书书写，楷书根据隶书进一步楷化，这就是“帚”如何变成今天的模样的。

“帚”加上提手（扌）旁，变成“扫（掃）”，意思是手拿着扫帚时候的动作，如果加上女字旁，就是妇女的“妇（婦）”，古代妇女要在家洒扫收拾家务，男子则在田中干活儿。妇和男两个字，把这种分工都体现出来了。

家庭里的卫生怎么做我们已经大概知道，那么城市里的公共卫生呢？早在先秦时代，中国的城市就有专门的环卫工人，《周礼》中叫他们“条狼氏”，条是让事物有条理的意思，狼是狼藉脏乱的意思，条狼氏就是清理脏乱的人。后来，还有徭役制度来专门提供拨款和安排工人，对城市卫生破坏严重的，也有律法惩戒。商朝有“弃灰之法”规定“弃灰于街者，断其手”，意思是在大街上乱倒灰，是要被砍手的。这可比今天任何一条卫生管理条例都要严格恐怖。唐朝《唐律疏议》中明确规定：“穿垣出污秽者，杖六十，出水者，勿论”，意思是往大街上泼水没关系，但是如果泼屎尿垃圾，就要挨打，整整六十大板。

没有现代发达的城市地下排水排污系统支持，在西方的古代都城里，有让人极其苦恼的屎粪乱流和气味恶心问题，但中国古代城市在这方面似乎要好些，因为中国自古是农业国家，粪便是极好的有机肥料，才不会让屎尿乱流浪费资源呢。从唐朝起，屎尿甚至成为商品，有很多人专门从事收集粪便垃圾倒卖。挑粪是一种职业，有人甚至能以此发家。穷人家的孩子，早上起来上学前，要先去放牛或者捡狗屎牛粪，还必须早起，不然就会被人捡光，因为肥料是很宝贵的。这样的情景离我们也不远，在半个世纪前都还很常见。

不过古代城市的卫生系统远不如现代科学和发达，像汉朝的长安城和清末时候的北平城，在历经几百年之后，由于垃圾和粪便等污染，也因为地下排水工程跟不上日益扩大的需求，卫生问题还是很严重的。

都城遇着重大节庆日，官方会组织净水泼街，黄土垫道，把市容整理得干净整洁，节日里的张灯结彩、欢声笑语，都离不开良好卫生环境的支持。人们的生活和城市的正常运转，也依赖于个人、家庭的卫生习惯和政府的服务组织才能得以维持。

指尖工坊

西方肥皂的发明故事

不仅仅中国，在西方，也有发明肥皂的小故事。在公元前600年的腓尼基宫廷中，一个厨师在做饭时碰翻了一瓶油，他怕被人发现说他失职，趁着周围没人，就从灶坑中捧出一把草灰盖在油上，等草灰把油吸干净后，再偷偷处理干净草灰。

厨师处理完油渍，手上沾满了黏糊糊的油灰，他还担心不好洗干净，没想到，在小河边，他居然用河水把手上之前一些很难洗的污垢也洗掉了。自这之后，腓尼基人发现了其中的奥秘，上到法老，下到平民，都把羊油和草木灰混合在一起，装在盒子里，在洗手、洗衣的时候蘸一点儿，清洗比以前变得更容易了，这也被公认为现代肥皂的雏形。

洗衣机的发明历程

在大海中航行，水手们把脏衣物塞进一个布包中，用绳子系好，扔进大海由船拖着，让海水搅动、拍打衣服来做清洗。受到这种“大海自动洗衣法”的启发，1677年，就有人尝试发明一种自动洗衣装置，不过并不好用。

1858年，一个叫汉密尔顿·史密斯的美国人在匹兹堡制成了世界上第一台洗衣机，也是因为使用费力且损伤衣物，而没有被广泛使用，但这却标志着用机器洗衣的开端。1874年，美国人比尔·布莱克斯发明了木制手摇洗衣机。1880年，美国出现了蒸汽洗衣机，此时才超越了人工洗衣，洗衣店也因此蓬勃发展起来。1910年，美国的费希尔在芝加哥试制成功世界上第一台电动洗衣机，越来越多的女性开始摆脱了以手洗衣的方式。

插花

用鲜花展现东方生命美学

人们对鲜花的喜爱可以追溯到原始时期，每当看到有鲜花盛开的地方，就意味着将来那里可能会结出果实，可以采来填饱肚子，渐渐地，人类变得从感情上喜爱鲜花了。即便是不结果的花，它的颜色、香气和形状，也能让人心生爱慕愉悦之情。中国还专门为花儿们设置了一个节日——花朝节，这在全世界都是少见的，足以说明古人爱花的程度。其他节日里，也离不开鲜花的装点，由此慢慢形成了特别的中国式插花艺术。

赠 朋友待客人，几朵鲜花就够了

早先，人们只是简单地把花摘下来，戴在头上、别在衣服上，是天然又好看的装饰品。在《诗经》《楚辞》中还记录着人们相互赠花表达感情的习俗。一千五百多年前，北周诗人庾信的《杏花诗》里写道：“春色方盈野，枝枝绽翠英。依稀映村坞，烂漫开山城。好折待宾客，金盘衬红琼。”大意是春天里百花盛开，恰好有客人要来，就摘一些放在铜盘里，用来做招待，一个“衬”字表明了当时已经有铜盘做花器，但花还是堆放在盘里，这种将鲜花从枝头摘下，戴在头上或摆在屋子里做装饰，无论是日常打扮，还是用来迎接重要节日或重要客人，都是中国插花艺术的起源。

随后佛教进入了中国，佛像前需要摆放一些经典的供品，无论是简易版的“四供养”，还是豪华版的“十供养”，鲜花都排在第一位。花一旦被剪下来，很快就会枯萎了，有僧人突然发现如果把花枝浸泡在水里，可以保鲜好几天，对现代人来说，这是个再普通不过的常识，但在当时普遍只知道堆花的时代，这一举措则是历史性的转折。

盛 唐的浪漫，像牡丹一样开放

唐朝是一个各种文化都灿烂盛放的时代，花也是。插花活动由宗教供奉变成了常见的生活内容，在这个朝代，从皇宫贵人到民间百姓，都是花迷，一到春季，举国上下总要选几日放下工作，去踏青和“春日寻芳”。农历二月十五的花神节是唐朝国定节日，家家户户祭花神，到花神庙烧香，以祈求花神降福，保佑花木茂

盛。我们现在还总是将唐朝和大片的牡丹园联系在一起，每到牡丹花盛开，人们争相买花、赏花、簪花、插花。唐朝诗人杨巨源诗说“若待上林花似锦，出门俱是看花人”；白居易写当时卖花诗中说“家家习为俗，人人迷不悟”；杜牧在《杏园》诗中说“莫怪杏园憔悴去，满城多少插花人”，不难想象，唐朝人爱插花、赏花简直到了疯狂的地步。

插花艺术在这时也得到了很大发展，人们把花剪折下来，插在瓶、盆、篮等容器里，像雕塑和建筑一样，各种花、叶、果、枝变成了可以运用的材料，可以随心搭配，经过修剪、整枝、弯曲等技术手段做出各种造型。这里面要懂一些花草植物知识，要懂一些礼仪文化内涵，还要懂造型和色彩艺术，虽然全国上下的人都在玩花，但风格和艺术水平却各有不同。

比如说宫廷里的插花，则以牡丹、芍药、梅花、兰花、莲花、菊花等经典花卉为主，专门负责花事的宫人用镶金的剪刀来剪取花枝，选择水时最好用天然的泉水，插花的器皿是大型的白瓷玉缸，并且配有雕刻花纹的台座，插好后用双层的帷幔给它遮风挡雨。随后，还邀请画师作画记录、乐师演奏音乐，赏花宾客边品尝美酒点心边欣赏插花，有感而发可现场作诗咏唱，好花盛放，就要送它这既富丽堂皇又风雅的场面。

野花野草，也能彰显文人格调

大部分鲜花都只能遵循四季时令盛开，被剪下来后，在水中能活的时间短的一两天，多的半个月。可以说，插花也是一种时间艺术，要求创作者和欣赏者都有怜惜的心情，要珍惜每个时令里每一朵花盛开的花期，这么看，唐朝真是一个人人浪漫的朝代。这个时期，日本使者也经常来大唐学习中国文化，将插花与佛教文化一起传回日本，从此，中国的传统插花技艺在日本开始发扬光大。

唐朝以后的宋朝，更流行文人的审美趣味，虽然也是举国上下都爱花，但欣赏花的方式，除了富丽堂皇的宫廷插花，也有雅致清丽的文人插花，排场不重要，也不求盛大繁华，关键是要有美学、文化内涵和意境。所以大大小小的瓶子、竹筒竹篮、陶碗瓷碗、铜器漆器……都可以用来插花，选取的花材也不再一味追求名贵品种，就地取材不分贵贱，只要造型符合设计趣味，结构错落有致，主次条理分明，山花野草都可以有自己的高级格调。家中供桌上、书桌上，甚至梳妆台上，都可以摆上插花。喜欢户外郊游、弹琴喝茶的人们，简易的布置中总是少不了一瓶插花作为点缀。文人将插花与焚香、点茶和挂画一起组成“宋朝生活四艺”，是有品位之人必备的生活技艺与基本素养。若是现代社会，可能上大学的时候我们就要学会这些了，自然也知道每个节日里流行插什么花，清明踏青插杨柳、暑夏荷塘摘青莲、中秋月夜插桂枝、重阳佳节插竹菊的生活情趣，也会一代代相传下去。

剑 山与撒，中式插花的稳定秘诀

如何落实各种心意的插花设计，需要想办法将花枝固定到装水的器皿中，比如缸、碗、盆等，可这些器皿的口都比较大，聪明的古代人发明了“剑山”。清朝的沈三白在他的《浮生六记》中写道 :“若盆碗盘洗，用漂青、松香、榆皮面和油，先熬以稻灰，收成胶，以铜片按钉向上，将膏火化，粘铜片于盘碗盆洗中。俟冷，将花用铁丝扎把，插于钉上……”这便是原始的剑山制作方法，用灰、面、油和帮助凝固的松香和成一个“小山”，把铜钉插在上面，再把根部烧融凝固，花枝便可以插在铜钉上固定了。

后来人们用锡来做剑山底座，铜针固定在上面，大小疏密根据需求来定。插花前，先将剑山放于花器中，加水至没过剑山的针，然后将花枝插在剑山上，花枝便能吸水了。水少了，再向花器里加水，花枝的保鲜时间就更长一些。

但大多数有高度的花瓶形状不适合放剑山，瓶口又不能让花枝朝向固定的方向和角度，怎么办呢？也不用刻意再发明个什么工具，剪花枝的时候，把多余的小木枝卡在瓶口就行了，派上这个用途的小木枝叫“撒”，根据需要，可以是一根横卡在瓶口，也可以两根平行，可以交叉成最常用的“十”字撒，甚至用四根搭成复杂的“米”字和“井”字形，这样可以利用各种小间隙卡紧花枝，遵循“起把宜紧、瓶口宜清”的原则。古人不喜欢花枝懒懒散散、杂乱无章地靠着花瓶口沿，要尽量聚集在一起，像生长出来一样，有力坚挺，直直向上，瓶口永远清爽不拥挤、不散

瓶口卡上短木棍做的撒，可以很好地固定花枝

乱，有足够的留白让人遐想。相比现代用花泥插花，或者插得满满当当，传统剑山与撒的运用，更有突出中式自然的意境，跟古代的房子庭院、书桌琴桌、字画香茗，都自然而然融为一体。

五 花八门的鲜花保鲜法

虽然都知道剪下来的花开的日子不长，但人们珍惜美好事物，也就尽可能要延长花的保鲜期，有些技术我们今天看来还是新奇不已。要想插花保鲜持久，首先，在花园选花时，就要注意挑选还未开放的花蕾或者刚刚开了一小点儿的，如果是蜡梅这种一根枝条上有很多花的，就优先选择全开、半开和花苞都有一些的枝条，这样才有丰富的状态，在瓶中也能看到花开花落的生命全历程。

剪切下的花枝，如果在切口做一些特殊处理，保鲜时间会大大延长。古书中记录着许多不同花种的经验总结，如宋朝林洪《山家清事》说插牡丹、芍药及蜀葵、萱草之类花草："皆为烧枝，则尽开"，是用火把切口稍微烤一下；欧阳修《洛阳牡丹记》说插牡丹"以蜡封花蒂，数日不落"；清朝邝璠的《便民图纂》把这个封蜡法解释得更为详细一些："如牡丹、芍药插瓶中，先烧枝断处，熔蜡封之，水浸，可数日不萎。"烧完切口后，用蜡液封住，再插入瓶内，就能让花保持多日不枯萎；《花镜》中说到了盐，"如梅花、水仙，宜盐水养"。在水里放一些盐，给含苞、半开的花提供养分。梅花"若贮古瓶中，常刺以汤，还能结子生叶"。要是插梅花的话，常常加入一些热水刺激一下，还能让它结子、发芽生叶。是不是真的，大家有机会可以验证一下，也可以翻阅其他古书看能不能找到更神奇的保鲜方案。今天，我们在高楼里不太方便自己种植各种鲜花，但大部分鲜花都有大规模的专业种植，无论是街头花店还是网上花店，都有各种鲜花可购买。保存鲜花有很先进的保鲜液，也有新流行的小窍门，比如在瓶水里放一两片阿司匹林，可以让花保鲜很久。另外，修剪花枝长短时，可将枝干一头浸入水中，在水中剪枝，使空气不入枝内，这种水切法也能大大延长鲜花的鲜活时间。

清末后，经过了鸦片战争、列强侵略等乱世，中国的插花文化走向没落，只有极少数达官贵人或文人偶尔赏玩和研究。随着西方文化的影响，西式花束、西餐桌花、西式婚礼用花等慢慢进入我们的生活。从民国时期起，用玻璃瓶插西式花装点居室在年轻一代的家庭中被认为是时髦，大家争相效仿。到了20世纪，随着工厂制造的发展，曾全国流行各种塑料花、仿真花。直到近些年，传统文化复兴，中式插花才又慢慢回到我们的生活中。通过对古代插花的了解，我们可以看到古人是如何打造自己的生活空间，如何看待生命和美，好像整个世界都可以蕴含在一瓶花里。

指尖工坊

中式插花的基本美学原则

讲究线条美，直立、倾斜或者悬垂，突出花枝本身线条的美，注重自然，暗藏情趣和意境。西方插花则重色块搭配，多用大量各种不同颜色和质感的花组合而成，喜欢几何图形构图，讲究对称和平衡。

学习中式插花可以先从一个基本款学起，先设计三个主枝条骨架，第一主枝 A（主）、第二主枝 B（客）、第三主枝 C（使），各主枝根据花器的高度，高矮要有落差，大小也主次分明，各主枝旁边又可以点缀一些小花小叶来填补空间，最终形成丰盈飘逸、有层次感的结构。

美食与酒

在吃喝里品味节日文化

现代人似乎把很多节日都过成了一个样子，一是放假，二是吃一顿节日大餐，然后有人选择睡懒觉，有人选择出去旅游，接着正常上学、上班。古代人们过节，也会放假，也想好好吃一顿，只是在几千年的历史里，吃不饱、穿不暖的现象很常见，不是哪家都能吃大鱼大肉过节的。但民以食为天，家人要吃，天地鬼神也要祭祀，于是，人们在节日期间用当季的食材制作了一些小吃和酒，有的还是某个节日专供福利，其他时间吃不到，因此显得更珍贵。

传统节日用到的点心和酒，我们现在也能在超市买到，只是少了一些亲手准备、制作的乐趣，对其中寄托的文化内涵，了解也就没那么深刻，食物给人带来丰富的体验，应该是包括这些的。

春节、元宵节、立春与清明节　春季里的新鲜与希望

中国的饮食文化，自古就很发达，几乎每个节日都有一种或几种标志性食物。春季是一年的开始，农历春节是中国最大、最隆重的节日，每家每户都要办年货，努力把年夜饭打造成一年中最丰盛的一顿，但无论什么山珍海味，最能代表春节特色的，还是普通的饺子和年糕。

囍
囍
囍

饺子据说是由东汉时期的张仲景医生发明，他是为了让人们预防因寒冷导致的冻疮，用面皮包上一些祛寒的食材，比如胡椒、羊肉等。后来，饺子馅发展出很多花样，无所不包，百吃不厌，冬至与春节更是必不可少。包饺子是一项可以全家人一起参与的活动，和面揉面，调饺子馅，擀饺子皮……窗外下着雪，屋内有灯有火，锅里热气腾腾，每个人不仅展示着自己的手艺，也把自己的美好愿望包进薄薄的饺子皮中。

古代中国最主要的粮食就是各种谷物稻米，简单的方法是蒸熟即可，慢慢地，人们掌握了一些让米面更精细和好吃的方法。公元6世纪的食谱《食次》中就记载着一种年糕做法：将糯米蒸熟以后，趁热用杵臼打到软黏，然后切成桃核大小，晾干，吃的时候用油炸，蘸上糖就是一道甜糯的点心。为了让年糕做得更好看，很多地方发明了年糕印版，就是用木板做成模子，形状、花纹都刻好，把杵臼里打好的年糕团子摁进去，像扣模子一样压塑出来如意、元宝、鱼、兔等各种样子，十分精致；另一种流行做法是糯米先用石磨磨成粉，再加上糖、芝麻、花生或者红豆什么的，调匀后倒入模具，再放到蒸笼里蒸熟。各地可以根据当地特产的干果随心搭配，所以我国的年糕样式可以说数不胜数。“年糕年糕年年高，今年更比去年好”，年糕不仅有好的寓意，节日期间走亲访友，也是家家户户招待客人的必备点心。

现在，人们过年追求茅台、五粮液等各种品牌酒，古代是喝屠苏酒的。屠苏是一种阔叶草。南方在房屋上画屠苏草，这种房屋称为“屠苏”。屠苏酒的由来还有一个故事，传说是一个住在茅草棚子里的医生，每到大年夜，便分送给附近每家一包草药，里面有花椒、肉桂、桔梗等预防瘟疫传染病的药物，让他们放在布袋里缝好，春节前一日沉入井底，正月初一早上取出来，浸入清酒中，烧开后每人各饮一杯，这样未来一年就都不会得瘟疫。人们觉得这位医生的泡酒药方很好，却不知道他的姓名，便用他的住处来取名字——屠苏酒。我们喝酒的一般习惯，是先敬年长者，但喝屠苏酒恰好相反，是从年纪最小的饮起，意思是祝贺小孩子又长了一岁，而老人晚一点儿喝，是希望他们长寿。

春节过后，马上就是立春，立春的特定美食显得很清新，主要是以春饼、春卷、萝卜、五辛盘等素食为主。春饼是用面粉和面烙制的薄饼，一般要卷菜而食，可以卷的菜有葱丝、炒肉丝、炒豆芽、黄瓜丝、胡萝卜丝等。春饼与菜放在一个盘子里，称为“春盘”。南方人爱吃的春卷，可以看成是把卷好的春饼再下锅用油炸成金黄色，不过里面除了蔬菜丝、肉丝，还可以是豆沙、芝麻之类的甜馅。还有一种吃萝卜的“咬春”习俗，为什么要吃萝

春盘与春饼

卜呢？据说是可以解春困，还可以通气，有益健康。此后，研究春天里既新鲜又有养生功能的吃食越来越丰富，有一种春菜叫“五辛盘”，大概是大蒜、小蒜、韭菜、云苔（油菜苗）、胡荽（香菜）这五种早春野菜的荟萃。

正月十五元宵节，一般南方吃汤圆，北方吃元宵，这两者都是圆圆的小球，做法却不一样。汤圆是“包”出来的，表皮光滑，用生糯米粉加水和成团，揪成小坨，把芝麻、花生、红豆等做成的各种馅儿包进去，再撮成圆圆的球；元宵是“滚”出来的，表皮干燥松软，它的做法是把馅切成小块，表面蘸上水，然后在放

满生糯米粉的笸箩里摇啊滚啊，边摇边撒点儿水，像滚雪球一样，到了合适大小就完成了。从外形来看，我们也可以看得出为什么古老的歌谣里要唱“吃了汤圆，好团圆”，与亲朋好友分离，是人间最常见的痛苦，人们希望圆圆的食物里有团聚的预兆。

清明节的青团可能跟元宵是近亲，可以把青团看作是比元宵身材大几倍的绿色表兄，它是在糯米粉里加上清明前后

刚长出来的艾草或浆麦草汁，和成团后，包各种馅儿蒸熟做成。青团面皮绿油油的，吃起来松软，豆沙、芝麻、火腿等馅料有丰富的口感，又始终带有面皮清淡的艾草香气，香糯可口。现在，青团用作祭祖供品的功能日益淡化，而更多被人当作春季里的新鲜小吃。

端午与七夕　夏季里的养生与浪漫

初夏时候的端午节，是与粽子密不可分的。为什么吃粽子呢？传说是为了纪念诗人屈原。但在此之前，粽子就已经是一种夏令或夏至食品，用竹筒或者粽叶包着糯米煮熟，里面可以包红

枣、豆沙、咸蛋黄、猪肉等馅儿，同时也用来祭祀水神或龙，后楚国的屈原投江而死，人们感动他的爱国精神，就慢慢有了端午节吃粽子纪念屈原的传统。随粽子一起出现的，还有这个时节成熟的樱桃、桑葚、桃、杏等水果，当然，还有节令食品五毒饼。五毒饼其实就是玫瑰饼，酥皮里包着枣泥、绿豆、黑芝麻等馅儿，酥皮上刻有“五毒”形象的印子。虽然“五毒”形象吓人，但五毒饼吃起来美味又健康。因为每年端午的这个时节气候湿热，毒虫猖獗，人就容易生病，以一个时期的食物来预防一个时期的毒疫，是中国人传统的养生治病思想。所以不难理解，端午节的酒也应该是围绕着祛毒来制作的，一种是加入菖蒲、艾叶泡酒，这是两种中药材，可以祛湿驱寒、抗菌消炎；另一种是雄黄酒，作为一种可以祛除妖魔和邪祟的祛毒药剂，也可以赶走毒虫。传说中，修行千年的蛇精白娘子，在端午节这天误饮了雄黄酒，法力再高深也没有用，直接变回了蛇形。所以端午节这天，人们还喜欢用雄黄酒在小孩子的额头上写一个“王”字，这样就什么妖魔鬼怪都不敢靠近孩子了。不过，据现代科学研究表明，雄黄这种矿物含有有毒的汞，只可以外用，最好不要喝。

夏天里还有一个浪漫的节日——七夕，这天，天上的牛郎和织女在鹊桥上重逢相会，人间的女孩子们则祈求织女能赐予她们

心灵手巧的能力和美好的爱情。她们把自己做的“乞巧果子”端到庭院，还有刚刚采摘的西瓜、莲蓬、红菱等瓜果，全家人围坐在一起，和织女一起品尝做“巧果”的人的手艺。巧果的花样极多，主要材料是油、面、糖、蜜。先将白糖放在锅中熬成糖浆，然后和入面粉、芝麻、蜜，拌匀后摊在案上，像擀面皮一样擀薄，晾凉后用刀切成长方块，折为梭形巧果坯，最后在油锅里炸至金黄。手巧的女子，还会捏塑出各种与七夕传说有关的花样。

中秋与重阳　秋天里的好心情

中秋节和重阳节是秋天里的两个重要节日，秋天是欢庆丰收的季节，八月十五是一个月圆夜，此时，很多农田里的秋收工作已经差不多忙完，人们选择在这一天祭拜月神，全家一起吃月饼。月饼又叫月团、小饼、丰收饼、团圆饼，是给月神的供品。宋朝大诗人苏东坡说“小饼如嚼月，中有酥和饴”，小饼像月亮一样，烘烤出来的酥油面皮松松脆脆，上面有模具印刻出来的各种花纹，里面包着核桃、杏仁、瓜子、芝麻、莲蓉、豆沙、枣泥等各种馅儿，可荤可素，可咸可甜。月饼和中秋节一样，从古至今一直没有失宠，所以品种繁多，苏式、广式、京式、滇式……几乎每个地域都有自己独特的配方和做法，虽然现在拜祭月亮的仪式很少

了，但节日里用月饼犒劳家人、赠送亲友的习俗丝毫没有改变。

中秋正是桂花开得最好的时候，这种带着香甜气息的小花，可以做糕点，也可以做中秋特色桂花酒。传说中月球上有广寒宫，里面住着嫦娥、玉兔，还长着一棵桂花树。吴刚长年挥斧头砍伐这棵桂花树，砍了几千上万年，桂花树却丝毫不伤，广寒宫里反而经常有桂花飘落。新鲜的桂花浸成桂花露，再调和到白酒中，或者是把桂花、桂圆、冰糖、枸杞一起跟米酒密封浸泡半个月以上，酒的辛辣被花果的甜味融合，带着一种浓郁的香甜味，很受女性欢迎。

农历的九月初九，是菊花当主角的日子，当然少不了菊花酒。不过，今年喝的菊花酒必须在去年的重阳节开始酿造，九月初九这天，采下初开的菊花和一点儿青翠的枝叶，掺入准备酿酒

的粮食中，一起用来酿酒，放至第二年九月初九饮用。传说喝菊花酒能延年益寿，孝敬给家里的老人，“九九”和酒，更是有活到九十九岁的长寿寓意，于是这天也是敬老节。重阳节秋高气爽，是登山的好天气，秋风习习，菊花盛开，片片金黄，亲朋好友三个五个约好一起登山，一起饮酒，心情舒畅愉快，难怪古代诗人们特别喜欢在重阳节吟诗作对，实在是非常愉快的一天呀。

冬至与腊八　热乎乎的冬天

冬季里的节日美食，要根据冬季的特点来准备，古代没有空调和暖气，抵抗寒冷是冬季最重要的任务，所以节日里的首选是热乎乎的汤类、粥类，吃完身体暖暖的。冬至是北半球全年中白

天最短、黑夜最长的一天，中国各地都进入一个最寒冷的阶段，也就是人们常说的“数九”。这天，北方人喜欢吃饺子，南方人喜欢吃汤圆或者馄饨，都是面皮包着馅儿煮熟的食品，还有一些地方一定要煮一锅热腾腾的羊肉汤。据说喝了冬至节的羊肉汤之后，就可以御寒，一个冬天都不会怕冷，以至于人们把羊肉汤熬成了“羊肉烫”了。

腊八节是冬天里另一个重要节日，它的来历不是根据二十四节气而来，可能原为祭祀的名称，也有说是来自佛教。农历十二月（腊月）初八这天是佛祖释迦牟尼修行圆满的成道日，他的家乡古代印度便在这天吃杂拌粥表示纪念。佛教传入中国后，各寺

院都传承了这个习俗，用各种五谷杂粮和干果加上糖熬成粥来赠送给这天来拜佛的人们。在饥荒时代，很多吃不饱的穷人在这天也能到寺庙领一碗热乎乎的腊八粥，据说吃了就可以得到佛祖保佑，所以很多人会专门去吃这个“吉祥粥”。年复一年，寺院熬腊八粥的传统便广泛传播到民间，我国慢慢有了“腊八节”和吃腊八粥的风俗。

中国人是特别愿意在饮食上花心思的，加上幅员辽阔、民族众多，各种节日里的特色食品很难数得过来，我们可以在每个节日里从特色美食开始，去了解背后的节日文化和传统生活方式。我们是哪个民族，是哪儿的人，不仅是身份证上的信息，还跟这个地方的节日和饮食紧密结合在一起。

指尖工坊

1. 问一问爷爷奶奶、外公外婆，他们小时候最喜欢的节日是什么，最喜欢吃的节日美食是什么，然后找出这种食物的起源和做法。

2. 古人在节日吃什么，怎样吃？在前文中，我们只是非常粗浅地介绍了一些常识，要搞清楚是很复杂的历史问题，不是容易的事。如果有的同学愿意好好研究，可以尝试去古代历史典籍中找找，书里记录了大量节日饮食的详细内容，为我们了解古代节日饮食文化提供了资料。比如北宋孟元老的《东京梦华录》，南宋林洪的《山家清供》、清朝袁枚的《随园食单》等。

兔儿爷

嫦娥仙女的兔子

著名作家老舍，在他的小说《四世同堂》里描写中秋节场景时，提到一种可爱的玩偶叫兔儿爷："脸蛋上没有胭脂，而只在小三瓣嘴上画了一条细线，红的，上了油；两个细长白耳朵上淡淡地描着点浅红；这样，小兔的脸上就带出一种英俊的样子，倒好像是兔儿中的黄天霸似的。"

他写得很详细，可是现在大部分小朋友读到这段依然搞不清楚兔儿爷到底是什么？小说中的一位老爷爷早有预感："将要住在一个没有兔儿爷的北平，随着兔儿爷的消灭，许多许多可爱的、北平特有的东西，也必定绝了根！"

北平是北京在解放前的名字，兔儿爷作为玩具和非物质文化遗产，到现在还是可以找到的。兔儿爷的消失，在老舍生活的年代是因为北平被日本军占领，人们生活贫苦，顾不上好好过节。现在呢，是因为北京不再有过去中秋晚上拜祭月神的习俗了。在老北京，中秋节兔儿爷不仅是住在胡同和四合院的小朋友都想要拥有的玩具，也是月神代表，在中秋接受城里老百姓的供奉和祭祀。兔儿爷被当作祛病除灾的吉祥物，八月十五供起来，来年的正月十五拿到门口摔碎，象征着疾病和坏运气都跟着摔丢了。等到新年的八月十五，就再请一个新的供上，这样年年请年年送，兔儿爷在北京人的生活中就越来越重要。

治病救人得到尊重的玉兔

拜兔儿爷的习俗可能明朝就出现了，现在能找到的最早文字记录是明朝的《花王阁剩稿》：“京中秋节多以泥抟兔形，衣冠踞坐如人状，儿女祀而拜之。”以泥土做成兔子形，像人一样穿衣坐着，号召力很大，到了清朝皇宫，连太后、妃子、公主和宫女们，过中秋节时，都要在月光下布置好供桌，很隆重地祭拜它，同时祭拜一个更正式的神明——太阴君。

太阴君是古人对月神的称呼，在民间，中秋节是她的节日，节日当晚祭祀她的画像，也有专门的名称叫“月光纸”，月光纸里月神的形象是嫦娥和佛教里菩萨融合在一起的样子——一轮明月下，一尊女菩萨端坐在莲花上面，周围是传说中嫦娥的广寒宫，有仙阁、月桂树和捣药的玉兔。

传说有一年，北京城发生严重的瘟疫，生病的人越来越多却没有治疗方法。嫦娥在月宫看到人间的苦难，就派捣药的玉兔下凡为人们治病。玉兔挨家挨户走，治好了很多人，但它不想暴露身份，于是经常向人借衣服，每到一处就换一个身份，变成各行各业的男男女女，有时候骑马，有时候骑小鹿、老虎或者狮

子，很快，它就走遍全京城，把瘟疫消灭了，回到了月宫。

人们为了感谢它，便照着月光纸里的玉兔捏制泥兔，给它画上各种衣服，配上坐骑，有的威猛，有的可爱，每到中秋节，家家都供奉它，给它摆上好吃的瓜果零食，希望它继续带给人间健康和吉祥。民间祭兔没有宫廷里那么庄重的仪式，反而增加了节日玩乐的氛围，人们亲切地称呼玉兔神为兔儿爷，因为它的形象众多，也越来越受小孩子的喜欢。

藏 在歇后语里的制作工艺

关于兔儿爷的制作工艺，我们可以从一些流传的歇后语中学习一二。

“兔儿爷的眼睛——红人（仁）儿”，说明兔儿爷的形象还是遵循兔子的特征，有一对红色的眼睛，一般是用朱砂、大漆等涂上去。

“兔儿爷洗澡——一摊泥”“兔儿爷掏耳朵——崴泥”“兔儿爷打架——散摊子”，这几条说明制作兔儿爷的原料是泥巴，遇水浸泡会软化成一摊泥，掏耳朵当然也只能掏出泥巴啦，如果发生激烈碰撞，跟陶瓷一样是会碎裂的。

“兔儿爷拍胸口——没心没肺”，这说明兔儿爷肚子里是空的，是用模子翻塑出来的。做泥塑的匠人为了节省原料和减轻重量，先把黏土和纸浆拌匀，填入分成正面和背面两个半身的模子里，形成一个大概形状，再用小刀沿着模具边缘把多余部分修掉，等干燥后倒出来，把前后两片粘在一起，就有了一个中空的“身体”。有些小摊上卖的兔儿爷玩具，为了节省成本，连泥塑的底儿也省去了，模具片黏合时所留下的孔洞也不必修补填满，就是带着莲花之类底座的兔儿爷，也需要戳一个洞，烧制的时候好透气，所以是“兔儿爷翻个儿——露个窟窿”。

泥塑兔儿爷的模具是没有耳朵的，不过，在耳朵处留有小孔。耳朵另用黏土捏制而成，中间夹上铁丝，直接插入之前预留的小孔里就行，所以玩耍时要小心，铁丝是容易被折弯的，要是铁丝折弯，耳朵也会跟着折了，于是就派生出“兔儿爷折跟头——窝了犄角”的歇后语。

“兔儿爷扛旗——单挑”，说的是常见的兔儿爷一般都是金盔金甲的武士模样，而且插在头盔上的野鸡翎只有一根。后来，手艺师傅们就放开了想象的翅膀，使兔儿爷的造型千奇百怪，着装也是百怪千奇，只要能想到的形象和身份，都可以在兔儿爷身上实现。形象主要在模具阶段实现，整体的外表则需要彩绘。

俗话说，三分塑七分画，要做好兔儿爷，重点还在彩绘上，模具压制、烧成后，兔儿爷还只是个泥土色的坯子。要变成彩色的，首先给兔爷上白色底色，刷底色时，速度一定要又快又均匀，如果速度慢了，前面的底色先干的话，后面的底色就涂不上去了，还会出现干裂起皮现象。刷好了底色，就可以进行彩绘，眼睛是红色，嘴巴要三条线，加上各种花样和颜色的服装，所骑的马、鹿、龙、虎等动物都要画得栩栩如生。彩绘这个技术，非常需要美术功底，线条的流畅、配色的讲究，神态、神情到不到位，都是重要考核标准。我们购买泥塑类玩具的时候，也可以从这些方面来评价到底值不值得花钱把泥塑类玩具带回家。

那位曾经在小说里几次写到兔儿爷的作家老舍，有一个儿子后来也成了作家，他回忆起那时满大街兔儿爷的光景，曾深情地说：“童年时候，兔儿爷就是中秋节的象征，没有了兔儿爷好像就不是中秋节。孩子们都得买兔儿爷，大家都觉得要是连兔儿爷都不买那还怎么得了。”

兔儿爷会从老一辈北京人的怀旧，变成新时期儿童的新宠吗？现代手艺人结合流行动画形象，制作出了又Q又萌的兔儿爷，如果有一天你碰到它们，会喜欢它，接受它的新形象，把它带回家吗？毕竟在明清时期，兔儿爷也曾一次一次这样改变自己的形象，变成北京小朋友过中秋节最惦念的玩具。

指尖工坊

【兔儿爷为什么是爷？】

玉兔跟嫦娥生活在广寒宫，下凡救人的时候化身少女医生，自古人们就认为这只兔子应该是女性的，可是为什么会变成了兔儿“爷”呢？

这跟老北京的“爷文化”有关，一方面，若女子终身未嫁，家中的晚辈也会改称呼她为“爷”；另一方面，老北京很讲究“爷”这个词，走到哪里，“张爷”“李爷”“赵爷”不绝于耳。“爷”这称谓在这种时候和辈分没什么关系，就是一种尊称。于是，有恩于百姓、又深受大家喜爱的玉兔也得了一个“爷”的称号。

香风袅袅

带给人美好感受的好味道

古代人们相信天上有神灵存在，在重要的节日里，皇家会举行隆重的祭天活动，普通人家也会祭家中先祖，信仰佛教或道教的人要祭祀信仰的神，各行各业的手艺人也会祭拜一下自己的祖师爷……祭祀是表达敬意、祈求得到保佑和好运气的仪式。只要你稍加留意，就会发现这些祭品和仪式虽然五花八门，但最核心部分都是拿起三炷香，或鞠躬，或磕头，然后插进香炉，等缕缕青烟袅袅升空，把人的消息和愿望传达给上天、先祖、神仙……总之，香烟袅袅是古代节日里的一个经典场景。

祭祀最早是皇家贵族等社会上层的特权，他们从日常生活中选出最好的一些事物来组成祭祀内容，比如牛羊等祭品、音乐与舞蹈、正式精美的服装以及精心设计的礼仪程序，由此推测，香也是上层社会生活中不可缺少的物品，会给人带来美好的感受。

古代中国的香风处处有

喜欢香讨厌臭，是人一种与生俱来的本性，熏香最初就是为了追求好闻的味道，后来，人们慢慢发现香也能给人带来宁静与放松，获得好的精神状态，用中草药配香能驱邪治病，后来人们还赋予香高尚的品格与道德，形成了独特的中国香文化。

中国传统的佛家、道家、儒家都离不开香来营造神圣虔诚的氛围，香在古人普通日常生活中的重要性，也远远超过了现代。家中卧室、客厅、书房以及厕所，可以按环境需要放置不同类型的熏香。宴会庆典场合上，焚香能让主客心情愉悦，一般正式场合需要专门的人来管理焚香事务。除了熏烧的香，还有各式各样精美的香囊、香袋可以随身携带，熏染久了，衣服带着淡淡的幽香，不仅让人时时刻刻生活在自己喜欢的味道中，长期熏一些药草香，还能帮人调养身体。在马车侧面挂着罣（古字，现无）芷

这种香草，可以抚慰乘车人的嗅觉，这大概就是后来为什么人们把豪车称作“香车宝马”的原因。在制作点心、茶汤、墨锭、化妆品等物品时如果加入香料，价格会高不少。城中的集市上有大大小小的香铺，不同时节流行的香、按照著名配方制作的香、各种进口香、奢侈香都能进行买卖。大户人家的太太、小姐出行时，常有丫鬟持香熏球陪伴左右，确保路过之处都飘着“香风”。文人雅士家中有专门的香斋，人们不仅用香、品香，还亲手制香，研究不同的制香配方。从宋元时期起，品香和听琴、赏画、插花一起，都是文人雅士最喜爱的高雅活动。

最早被发现的是带着天然香气的植物，只是中国大部分地区处于温带，不太适宜香料植物的生长，种类不多，因此深受人们喜爱，在《诗经》《楚辞》中，经常出现各种古雅的香草名字，比如泽兰、蕙草（蕙兰）、椒（椒树）、桂（桂树）、萧（艾蒿）、郁（郁金）、芷（白芷）、茅（香茅）等。司马迁的《史记·礼书》中有“刍豢稻粱，五味调香，所以养口也；椒兰芬苾，所以养鼻也”，说明香在汉朝已经是人们的生活需求，成为一种嗅觉文化。早期的制香方法有熏烧（如蕙草、艾蒿）、佩带（香囊、香花香草）、煮汤（泽兰）、熬膏（兰膏）、泡酒等等。

香材药草的精密实验

秦汉时期，中国建立了一条货物进出口之路叫丝绸之路，国外的各种香料开始流传进来，比较著名的有龙脑香、沉水香、檀香、降真香、安息香、苏合香、龙涎香等等。随着对这些丰富香材品种、产地和药效的研究，制香方法不仅越来越科学，也越来越符合已有的文化内涵，这个过程就是香药的“炮制”。天然香药，无论品质怎么样，都属于“生”香药，如果直接用来制香，未必能有好的功效，必须根据香药的品种、产地等特点，选择合适的炮制方法，才能使其香味、功效充分被激发出来，并消除可能具有的毒副作用。

香料的炮制与中药的炮制有相似之处，常用的方法有修制、蒸、煮、炒、炙、炮、焙、飞等。修制其实就是挑拣整理，采用拣、摘、揉、刮、筛等方法去除杂物，有的需要切碎、粉碎，统一规格便于下一步加工；蒸、煮、炒是我们熟悉的做菜方式，一方面可以使材料受高温变熟，另一方面可以和其他材料混合，比如煮，除了用清水，还有泥水、酒或者淘米水的；炒的程度要求也不一样，有的稍微炒一下断生就行，有的要炒到微黄，有的则

要炒到焦黄才能到位。无论是做菜还是做香药，火候一直是个秘诀，比如“炮”要用火力大而急的武火，“炙”是加入制香中常用的辅料蜜、梨汁、酒等，用小而缓的文火；烘焙也是要用小火，将香材置于陶瓦罐等容器中，慢慢加热使其干燥。“水飞”借鉴的是水磨米粉的方法，把切碎的香材加水研磨，然后沉淀出粉末晒干，这样能减少制作粉末过程中的损耗，又能把溶于水的成分去掉，得到的香粉更细腻。

充满神秘主义的香方

丰富的制作技术让人们对各种香料的特点有了比较深刻的认识，也能通过这些办法让不同的香材融合在一起，于是有了“香方”。香方跟药方一样，是某几种材料根据一定的比例搭配起来，通过一套手艺加工，做成一种特别的香，除了独特的香气，有些还有一定的治病功效。至于“香方”的搭配原理，也跟中医“药方”相似，除本身的香味、药性功效外，还要考量中国古代文化中最基本的指导思想：阴阳五行。

中国古代认为，任何事物都有一个五行属性，自然界中已发现的香料有三千六百余种——常用的有四百余种，都可按金、木、水、火、土归入一个属性，然后根据香的用途、香型和品味，来确定一样或几样香材做君（主料），再给主料配一些次要一点儿的做“大臣”，复杂的配方还要加上一些香料来实现“佐”“辅”功能，一个香方就是一支由不同香材组成的小队伍。炮制方法的选择就看需要香料呈现出什么药性，比如檀香的炮制就是为了去火，因为檀香生长在南方炙热的地区，它的火性比较大，这种香料直接做香后，人们容易气浮上燥。所以要先用清茶或者云南团茶来当辅料一起进行炮制，把它的火性去掉。

可能是因为大量文人也喜爱自己研究香方，香理论慢慢发展到现代人无法想象的境界，有些香的制作流程甚至有严格的节气、日期、时辰要求，每个细节点都做到了，才能达到预期的效果。如“灵虚香”，在制造上讲究甲子日和料、丙子日研磨、戊子日和合、庚子日制香、壬子日封包窖藏，窖藏时要有寒水石为伴，

等等，制好的香要存放在容器中，这个容器的选择，也有五行相生相克的讲究，五行木、火属性的香品最好选木质容器，五行属于土、金属性的选陶质或瓷质为佳，五行水属性选金属质地为佳。

五代宋初时著名书法家、文字学家徐铉，学识渊博、通晓古今，喜欢熏香，也喜欢自己做香，常在月明之夜在家中小院里焚上一炉自制的香，一边品香一边做学问，还给他心爱的香取了个雅致的名字——“伴月香”。

因为这些深厚又复杂的理论讲究，香在中国变得有些神秘，带着神性，人们玩香也不只是追求香气，还要养生、养性。古代的香，所用都是天然药材香料，而现当代以来，由于化学工业的

发展，在19世纪后半期，欧洲出现了人工合成香料（化学香精）。这些化学香精不仅能大致地模拟出绝大多数香料的味道，而且原料（如石油、煤焦油等）易得，成本价格极其低廉，并能轻易地产生非常浓郁的香味，所以，它很快就取代了天然香料，成为现代工业生产中的主要添香剂，在制香行业中同样如此。慢慢地，人们对香的使用变得只停留在嗅觉层面，古代的香文化，只在非常小众的人群中还有保存。

但古代的香并不是遥不可及，现代社会也能找到各种天然香材，而各种中医典籍和香学的古书中，也有很多香方流传下来。汉唐时期，皇室所用的香方是不准泄露的，皇室希望有自己专属的尊贵气味，但负责制香的御医还是把宫中的香方传入民间，宋朝的《陈氏香谱》和明朝的《香乘》记录了成百上千条香方，现代人依然可以从中学习，成为制香专家。对于初学者来说，主要是积累对各种香料的特性、气味的认识，要是想进一步提升水平，就需要积累各方面的知识，尤其是中医草药方面和阴阳五行学说。

指尖工坊

博山炉

香具有丰富的味道和深刻的文化内涵，那配合使用的香器自然是不能落后，好的香炉自古就是文人雅士追求的奢侈品。博山炉是中国汉、晋时期民间常见的焚香所用的器具。古代盛传海上有蓬莱、方丈、瀛洲三座仙山，博山炉便是根据这一传说设计的，一般由铜、金银、陶瓷等耐火的材质制成，炉盖做成重重叠叠的高山形状，中间镂空，雕有飞禽走兽，炉子里点香后，烟从镂空处飘出来，像极了海上云雾缭绕的仙山。

香熏球

盛唐贵族中还普遍使用一种银质香熏球，熏球由两个半球形镂空金属片扣在一起，中央悬挂着一个点香的容器，加上环形活动轴的设计，无论熏球如何滚动，点香的容器能自动调整平衡，燃烧的香料绝对不会撒出来，可以放心用来熏衣服、被子。

一炷香是多长时间？

经常在电视剧中听古人说一炷香的时间，燃香是古人常用的计时方法。那么一炷香是指多久呢？古时有“一个时辰 = 两小时 = 四炷香”的说法，所以，一炷香在古代往往指的是今天的半小时。

笛箫笙

吹奏乐器的个性与和谐

在一次狩猎中，原始人拿起石头向猎物投击，石头飞了出去，与往常不一样的是，石头在空中发出了声音，像吹口哨一样悠长的一声。石头为什么会发出声音呢？原来，原始人恰好拿了一块“空心”又带有一些小孔的石头，这无疑又是早期先民在生活中获得的一个灵感。

随后，他们用陶土和石头专门做了一种大鸡蛋或者鸭梨状的乐器，里面空心，上面开吹气孔，侧面再开发音孔，这个古老的乐器叫埙（xūn）。埙的发明还让人们慢慢发现了一个规律，当气流源源不断吹进一个空腔，形成一个震动的气团，然后用发音孔控制气团大小，就能发出不同的声音。这就是吹奏类乐器的基本原理，了解到这一点，箫、笛、笙、唢呐才慢慢被发明出来。

三 千多年的音孔探索

不过，古人对乐理知识的探索和积累没有我们以为的那么快。一个乐器要有不同的音调，才能形成旋律和节奏，独立演奏出一首曲子，吹奏类乐器全靠发音孔来实现不同的音调。在四五千年前，埙才从一个音孔发展到两个，这意味着之前的几百上千年，埙只有一两个单调的“呜呜”声。到了奴隶社会，有三个音孔，能吹出四个音，在公元前700多年，才发展到六个音孔，能吹出完整的七个音调，从一个到六个，整整经历了三千多年。

我们现在能比较清楚地知道为什么音孔增多，音调就会增加，因为共鸣腔里的空气团体积决定着埙的音高，当我们用手指把大部分音孔都堵住，气团体积大，声音就低，如果逐渐放开手指，气从音孔中跑掉，体积变小，声音就越高。在笛子类的管状吹奏乐器中，音孔的位置也会影响到音高，还要顾及双手手指操作的方便性，每一点儿乐理知识的积累、每一种乐器的逐渐成熟，都需要数代人的不断探索。

埙的制作，跟陶罐一样，先用陶泥拉坯，然后烧制

现代人改造过的埙最多有九个发音孔，正面七个，反面二个。演奏的时候，需要吹气孔与手指间的熟练配合，专业演奏者可吹出二十六个音。埙可以独奏，也可以与其他乐器合奏。它的声音让人联想到空旷的原野，可能早期孤独又弱小的人类，就是在旷野里吹奏这个小乐器，那种淡淡的惆怅苍凉，像风的呜咽，是人类的一抹回忆。

笛箫　浓浓中国风

人们一度认为笛子应该是“羌笛”“胡笛”，是其他国家带到中国来的外来乐器，直到河南省的考古人员从古墓里挖出一根八千年前的骨笛。可以这么想象，八千多年前，一只仙鹤死去，把尺骨（翅膀上的一根骨头）留在原始人的聚落。聪慧的华夏先民给它钻上了孔，从此，人类世界有了悠扬的笛声。

动物的骨骼是原始先民制作各种器物的重要材料之一，但随着人类手工技术的进步，可以运用的自然材料越来越多，物质文明也越来越丰富，骨制品慢慢减少。我们看“笛”字是竹字头，就应该知道，至少这个名称在汉字出现的时候，笛子早就采用竹子来制作了。慢慢地，人们都忘记祖先用过骨头来做笛子，那些早期的骨笛逐渐消失，少数作为墓葬用品被埋了几千年。

然而骨笛也没有完全绝迹，在藏族牧区一直有一种“鹰笛”流行，由鹰的尺骨制成，藏族人喜爱用它自娱自乐，在夏季放牧或田间劳动休息时吹奏，或在庆祝节日时给歌舞助兴，十分方便。这些骨笛的制作方法已经比较成熟，笛管上口密封，只留一窄缝作为吹孔，管端的背面斜开一个发音孔，管身正面下部开有六个按音孔（或开成前五后一），这些孔的大小和相隔的距离都是要经过认真计算的，笛子制成后，还运用打小孔的方法调整个别孔的音差，这说明在音调上两个孔的稍微误差，当时的制作者们都能分辨出来，而且还知道如何来校正这些误差。在没有专门仪器的帮助下怎样来完成这些事情？原始人的音律水平和计算水平之高，着实令人震惊，令现代人无法想象。

这种历史悠久的骨笛是现在我们常见的竹管吹奏乐器笛和箫的祖先，制作笛和箫的最好原料仍然首选竹子，竹管的共振效果比骨头要好，况且中国大部分地方都生长竹子，制作成本也较低，而且在现代社会，我们习惯尽可能不用动物去做器物原料。

都是吹奏的竹管，笛和箫的区别在哪儿呢？比较好记的两点是，笛子是横着吹的，而箫是竖着吹的；笛子要贴笛膜，而箫则不需要贴膜。横吹音量大，传得远，笛膜是中国笛子区别于外国

笛子的独特发明。笛膜一般用黏附在芦苇秆中的一层薄膜，也可以用竹子内部的白膜、薄宣纸等，小小的一块贴在笛子的贴膜孔上。吹笛时，气从吹气口进入笛管，管内空气震动，这层膜也会一起震动共鸣，声音会更明澈、洪亮。贴笛膜是制笛手艺师傅和笛子演奏者都应该掌握的技巧，因为笛膜太薄，比较容易破，需要常常换新。贴的时候，要注意掌握笛膜的松紧度，过紧，会使音色发木、不亮；过松，会使音色发哑、发沙，高音吹不上去。

箫没有贴膜孔，声音没有笛子那么高亢洪亮，适合演奏低沉、委婉一点儿的曲调。中国箫、笛的制作，都需要选天然、长节、粗细合适的竹子，然后烘烤去掉水分，边烤边尽量把竹管调直，打通内部的竹节，修理外面的竹皮，然后根据竹管内部的直径，决定分别在哪儿开吹气孔，再根据吹气孔的位置，决定在哪儿开笛膜孔和按音孔。这个过程有着专业人士才懂的数据比例关系，决定了这支笛子被做成低音、高音，大的还是小的什么类型，这也就能理解为什么一支乐队里，会有好几支笛子或者箫。

笛和箫性格鲜明，只要它们一出场，就会有浓浓的中国风吹来，至今还是国乐爱好者首选的学习乐器。节日里大大小小的演出，无论是跟乐队配合还是独奏，都能演奏出人们喜闻乐见的节目。

笙 因为和气而久远

笙是中国人发明的另一种吹管类乐器，它由笙簧、笙笛、笙斗三个部分组成，由簧片振动引起笙笛内的空气振动而发音。它是世界上最早使用自由簧的乐器，簧就是一块小薄片，却是个伟大的发明。在唢呐、琵琶、扬琴等各种外民族乐器纷纷进入中国的时代，笙却慢慢影响西方，成为全世界簧片类乐器的祖先。

笙最初的样子，像一排箫放在一起，既没有簧片，也没有笙斗，只是用绳子或木框把一些发音不同的竹管编排在一起而已，后来才逐渐增加了竹制簧片和匏制（葫芦放干而成）的笙斗，大大增加了共鸣腔。后来吹奏者觉得葫芦做的笙斗体大又太脆，很费气才有好效果，于唐朝以后改为用木头挖个半圆腔，流传数代后，铜斗又取代了木斗，簧片也大多改成了铜片。成熟的笙，用来发音的竹管（笙管）从十几根到三十几根不等，一管一个音，

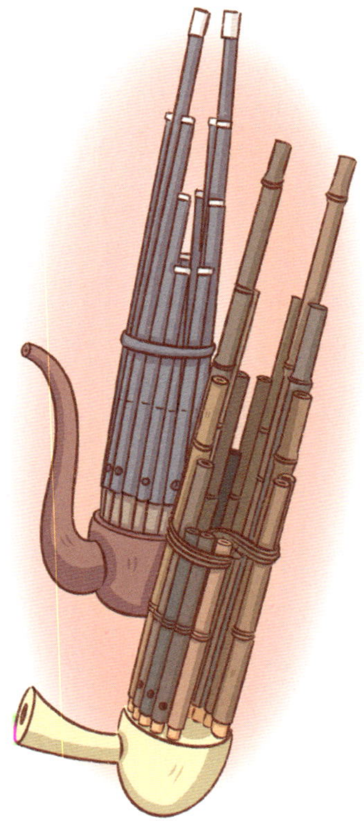

不同的长短有不同的音调，下端都有一个音孔，按住音孔时，这根笙管的簧片与管中气柱发生共鸣而发出乐音，不按就没有声音。笙嘴从笙斗衍生出来，像一只长颈凤凰的头，有些笙管的排列就干脆模仿凤凰的翅膀，整体造型非常好看。

笙是擅长和谐共鸣的乐器，一根根竹制笙管仿如茁壮生长的禾苗，有序排列。演奏时，几乎每个音都是用到两到四根笙管的

音组合起来的，它是众多中国传统乐器中唯一能演奏出和音的乐器，音色天然带有圆融、中正的气质。在一支乐队里，比起其他音色个性鲜明的中国乐器，笙显得很平和包容，所以总是少不了它。从来不出头，却最重要，在古代宫廷乐队里，吹笙的乐师地位极高，能管理所有吹管类乐器。

古老的《诗经》里说："我有嘉宾，鼓瑟吹笙。吹笙鼓簧，承筐是将"，举办聚会以音乐招待朋友是中国人的传统，节日里，不同性格和角色的乐器纷纷登场，有的负责高调，有的负责和谐，一起形成了快乐。

指尖工坊

【独特的中国五音】

从乐理上说，中国古乐一般使用五声音阶，叫作“宫、商、角、徵、羽”，相当于“1、2、3、5、6”，比现代通用的七声音阶少“4”和“7”的音。那么，是不是中国的古乐器根本就不具备演奏七个音阶的功能呢?

当然不能说中国没有七声音节，其实，大部分乐器都可以通过简单的技术演奏出来。中国人是以五声为主，这跟中国人的阴阳五行的宇宙观有很大的关系，“宫商角徵羽”跟“金木水火土”“东西南北中”一样，都跟五行观念密切有关。

这个规则也许正符合了中国文化所崇尚的平缓、宁静的精神境界，也正是因为以五个音阶为主，中国传统乐器演奏的音乐缺乏跌宕起伏的戏剧性，而显得沉稳典雅。

琴筝与琵琶

从会发声到会说话

古琴、古筝和琵琶，是中国传统乐器里弹拨家族的代表，光是看到乐师演奏它们的样子，就觉得有一种东方的优美。它们给节日带来的，除了热闹，还有一种沁人心脾的愉悦，就像来了一些能说会道的朋友。中国人的快乐和忧愁，理想和追求，都可以藏在乐声里。

弹拨乐器弹拨什么呢？答案是弦。它们的发音原理就是通过拨动或者敲击的方式使弦振动发声，为了有好的振动效果，弦一般都需要拉紧，一般来说，一根弦只有一个音高，粗的琴弦音低，越细的弦音越高，所以一件乐器上的琴弦总是从粗到细排列。大部分弹拨乐器可以通过手指按住弦的某个位置，改变参与振动的弦长，就能得到一个新的音高。所以古琴、琵琶等都只有几根弦，但通过左手手指负责按弦找音位、右手负责弹拨弦这样的演奏方式，也能把复杂的曲目演奏出来。

不用左手按弦的，比如古筝和扬琴，双手都用于演奏，怎么解决音高的问题呢？一方面是增加琴弦的数量，二三十根不嫌多，另一方面是琴面上设置很多码子来调整，借以改变发音琴弦的长度，这样也能得到丰富的音高，而且码子还有传递震动的作用，让乐器能更好地发音。

在久远的古代，制造琴弦的材料并没有多少选择的余地，通常都是选用当地的特有材料制作琴弦。草原地区用马鬃，热带用植物纤维，西方国家还用过动物的肠子，然后发展到尼龙线和钢丝线。中国的中原地区有发达的桑麻农业基础，有自己的一条“丝路”。

中国是世界上最早开始养蚕的国家，用蚕丝来做琴弦再正常不过了，后来甚至用“丝竹”来作为音乐的另一个名字，丝是指各种丝制琴弦，竹是指大量乐器都是用竹子做成，这两个字确实有资格代表中国音乐。

一根筷子容易断，十根筷子抱成团，这个浅显的道理也是丝弦制作工艺的基本原理。一根蚕丝（一个蚕茧抽出来的丝）据说最长可以达到三千米。长沙马王堆出土的西汉时期的古老乐器瑟上，还保存有二十五根琴弦，每根琴弦都是用四股丝弦搓成的，每股丝弦又是由几十根丝合成。

在清朝的时候，有专门的书籍记录丝弦的生产工艺，比如“僧居月造弦法”中，有详细的造弦图，工匠们还总结出经验，桑叶养蚕抽出的丝，不如柘（zhè）叶养蚕抽出的丝适合做琴弦，这种柘树还不能生长在盐碱地，不然琴弦就容易断，音色也没那么好。蚕丝搓好的琴弦最后还要在“明胶”中煮，选一个晴朗的天气，把锅子洗干净没有半点儿油星，煮时加入鱼鳔熬出的汁和植物混合物。怎么判断是否煮好了呢，古人的办法是加入一把小麦，当小麦皮刚煮绽开的时候，弦也就刚刚好，如果没煮透，声音太脆，如果煮过了，就没声了。古人做琴弦能精确详细到这个地步，背后肯定做过无数次的实验。

每种乐器所用的弦，也可以说每一件乐器所用的弦，都根据音律关系有粗有细，低音弦粗，高音弦细，所以每根弦也不是随意想用几根丝就用几根，而是要在一个整体的规则里。如此，一根弱不禁风的蚕丝，经过精密的计算，拧成股，变成弹不断、扯不松、柔中带刚、柔韧有余的琴弦，由此才能演奏出变幻莫测的乐曲，可以像千军万马奔腾的古战场，也可以像月亮下面一朵花静静开放，中国的弦乐家族如此丰富和强大，这些制作精良的琴弦可是功不可没。

每件乐器都是会说话的朋友

我们在前面讲过，绝大部分乐器都需要一个共鸣腔，弦因为本身是细绳，能引起空气的振动非常有限，就更需要一个共鸣腔了。因为古代琴弦的材质和做法都差不多，弹拨类乐器反而是共鸣腔的设计和制作决定了这件乐器的音质音色。共鸣腔有的是一个横着的长方形木箱，比如古琴和古筝，平放着弹奏；有的是竖

长的，比如琵琶、柳琴、月琴、阮、三弦等，弹奏时斜抱在胸前，左手按弦，右手弹奏；有的是放在木架上，敲击琴弦发音，比如扬琴。

共鸣箱一般用木材制成，分为底板、面板和侧板，乐器师傅制作时每个部位都有特别青睐的木材，比如背板侧板常用槭木，面板用泡桐或者杉木，因为这些木材是多孔性物质，其孔隙中充满了空气，具有良好的共振特性，适合用于乐器。共鸣箱上要在背面或者正面挖不同形状的孔来做发音孔，琴面上安装品位、相位（琵琶家族）或者徽位（古琴），来标识左手按弦的位置；琴弦一般通过琴轸来调整松紧，确定准确的音高。除这些基本结构之外，可以再加入雕刻、图画等装饰工艺。

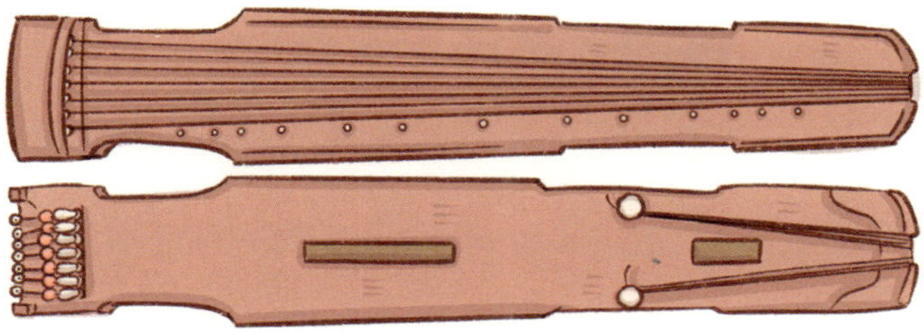

古琴的音位，用镶嵌的白色圆点标识

一件好的乐器，不仅是一部精密的仪器，从能发声，到能演奏出动听而美妙的音乐，每一个细节都有流传已久的制法规律。它独特的品貌和音色，更像人的一位好友，中国人也喜欢赋予乐器人的性格，用乐器来替自己说心里话。

古琴是文人的心头好，人们认为古琴是一位学识渊博又很有修养的正人君子，不是很爱凑热闹，乐声也不追求悠扬华丽，用很简洁深沉的音来传达无限的韵味。琵琶是性格包容和大气的，它有些像西方的钢琴，能演奏各路曲子，欢快和悲伤、阳刚和阴柔，它都来得了，就像是一个大气派的演员，什么都能演。古筝开始也是大气型乐器，后来慢慢地变成江南女孩的最爱，可以尽情展现烟雨蒙蒙中的秀丽和委婉，是脾气很好的万人迷。三弦很亲民，常在街头小巷里出现，要是弹得好，可以从市井气息里听到生活中的雅。扬琴音量大，余音长，音域广，是一个百搭型的朋友，乐队里总有它的存在……

但这些拟人化的文化认同是在历史中形成的，每样乐器在不同专业人士的演奏中风格会不一样，由此，古琴、琵琶等都有各种流派。当然，我们不能认为一种乐器只有一种性格，跟它们做朋友的最好方式还是认真听，用自己的感受来认识它们，它们会跟你说自己的话。

指尖工坊

敦煌壁画里的乐器

敦煌壁画中，有一个栩栩如生的音乐世界。敦煌莫高窟共有492个洞窟。其中，与音乐题材相关的洞窟多达240个，约占整体数量的一半。其中有音乐洞窟200个，乐伎3346身，各类不同的乐队490组，乐器44种共4330件。而加上其他石窟壁画的乐器图像，可多达6000件。

拉弦、弹拨、吹奏、打击四大类乐器齐全，天乐、俗乐融为一体。这些音乐壁画不仅是乐人们在当时的真实写

照，也是解开我国古代音乐史之谜的一把钥匙。

看看，你能认出几种呢？

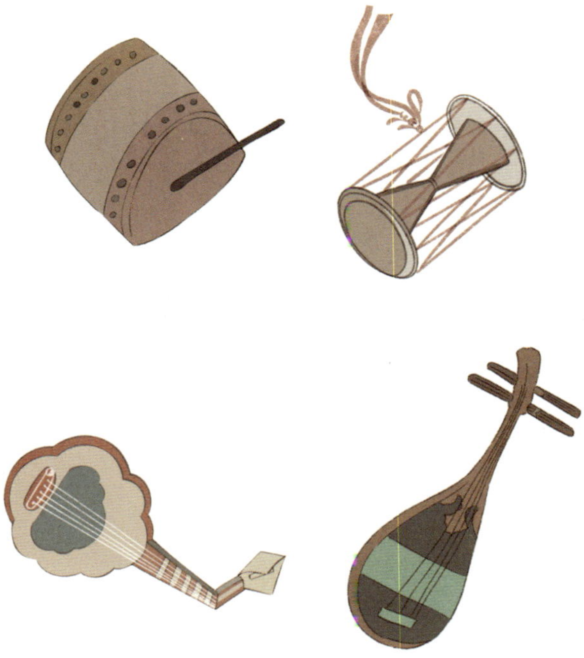

胡琴家族

送给外星人的中国音乐

乐器家族中比较晚熟的是胡琴一家，它们主要包括二胡、京胡、板胡、高胡、四胡、马头琴等等，原来多是中国古代北方、西北方少数民族所用乐器。古书里最早有记载是在宋朝，沈括《梦溪笔谈》写到“马尾胡琴随汉车”，意思是马尾做的胡琴跟着汉族的军队一块出征，说明当时军队里有人会演奏这种乐器，而且非常喜欢，出去打仗都得带上，也说明胡琴整体形状应该比较好携带，不会太笨重。

为什么这些乐器里都带个“胡”字呢？因为在唐宋，中原的汉族人把居住在北方和西北方的少数民族统称为胡，他们穿的衣服叫胡服，跳的舞叫胡舞，音乐叫胡乐，乐器当然也就叫胡琴、胡笛、胡琵琶……这些乐器来到中原后，戏曲班子、民间艺人乃至宫廷乐师，都愉快地接纳了它们，并且积极改良，创作新乐曲，慢慢地，胡琴家族尤其是二胡变成了中国最流行的传统拉弦乐器之一。

二胡　最好的手艺只能做半成品

二胡的名字表示了它的结构不会太复杂，意思是两根弦的胡琴。胡琴家族的整体造型都类似一把长柄勺子，勺柄是长条琴杆，由檀木或者乌木制成，大概八十厘米长，起着上连下接的支撑作用。顶端是琴头，琴头有优美的曲线，弯弯的像天鹅的颈项，旁边装有两个小木棒似的弦轴，两根琴弦的一头缠绕在弦轴上固定，通过转动弦轴来调节松紧。琴杆要能承受一定的压力，每根琴弦所产生的拉力在二十五千克左右，如果负担不起这个压力，琴杆就会慢慢弯曲，影响发音。

琴杆的下端插入琴筒，琴筒是二胡的共鸣腔，是一个木头或竹子做的筒形，可以是六角形、八角形或者圆形，跟鼓一样需要数块板子用鱼胶拼接而成，然后在筒的前面蒙上琴皮，后面装上镂空的琴窗。琴皮类似于鼓类乐器的做法，需要紧紧地蒙在琴筒前面，古人一致认为蟒蛇皮，尤其是其肛门附近的背面皮最佳，配搭的琴筒材质则是高级的红木最佳。

其实，每件乐器的制作都是一门综合艺术，单纯追求某一个方面材质的高级，不一定就能得到一把好琴。野生的蟒皮在古代就很难得，现代更是稀少，一般都是人工养殖专用，据说一条蟒蛇的皮也只能够做五六把二胡，所以加工和蒙皮的过程一般都交给手艺成熟

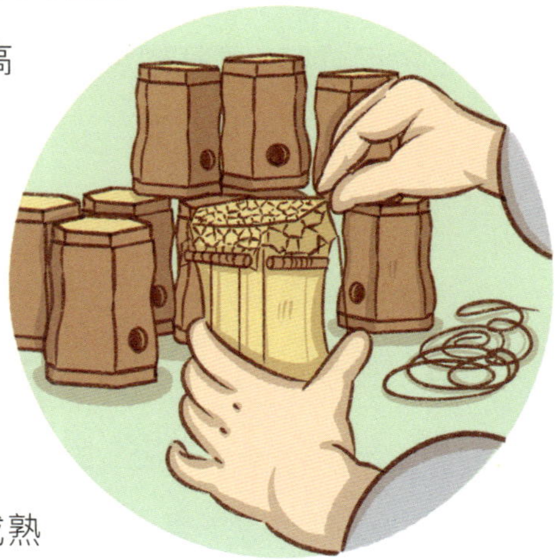

的师傅来做，不能浪费。蟒皮先在水里浸泡两小时左右，然后用刮刀去除皮下的油脂，刮的方向顺着皮质纤维，直至刮出清晰的网状纤维为止，只有这样，震动发出的声音才干净明亮，这个过程中，用刀力量需要均匀，不能刮得厚薄不均，更不能有刀口伤。

处理好的蟒皮，裁剪跟琴筒契合的形状，边缘涂上鱼胶，用烙铁轻轻烫融在一起。新蒙上的蟒皮不是最完美状态，制作者把最后一步交给乐器的演奏者，经过一段时间的演奏后，琴皮才逐渐有最好的表现。乐器和很多手工制作的东西一样，是在使用中变得越来越好用，也越来越顺手、好看，所以很多人对自己的乐器都有深厚的感情，甚至会当宝贝一样传给下一代。

拉弦乐器的演奏方式是用琴弓拉动琴弦，琴弦震动传到共鸣腔，弓由细竹做的弓杆和白色的马尾毛做成。截取八十厘米左右的细竹竿，把两端烘烤出弯来，一头系上马尾毛，穿过两根琴弦之间后，再系住另一头，这样通过拉弓就可以摩擦到琴弦。现在很多简易的二胡，是用尼龙丝来代替马尾毛，因此拉出来的音乐效果差很多。好的二胡，还是要选择好马尾毛，排列得整齐平展，长度一致，粗细均匀，不凌乱，不毛躁，看上去像一缕柔顺的头发，实际上表面的毛鳞片均匀且边缘锋利，对琴弦很有摩擦力（类似于小猫舌头舔手的感觉），这也就是专业乐师说的“咬弦”

好，对二胡能否发出美妙的声音也起着重要作用。这样看来，好像每个部分的选材和工艺都说自己很重要，但到底哪个最重要？答案是演奏者和他的技术。

瞎子阿炳的二胡传奇

说到二胡的演奏乐师，最知名的要数民国时期的“瞎子阿炳”。阿炳小时候在江苏无锡的一个道观里长大，跟道士们学习了许多道家音乐，最擅长拉二胡和弹琵琶，十八九岁便已经是道观乐队的主角。他喜欢每天去城市里的各种娱乐场所，跟来自五湖四海的民间音乐人学习各种乐器的演奏，去看京剧、昆曲戏班的演出，连卖梨膏糖和杂货的卖货郎的锣声、吆喝声，他都要跟着学一下，还经常免费去各种乐队班子做临时工，跟着去婚礼、葬礼跑场子，抓住一切可以学习和演奏乐器的机会。

阿炳的命运在中年突然变得很糟糕，生病无法医治，导致

双目失明。在兵荒马乱的民国时期，一个年轻有为的民间音乐天才，突然变成了没人要没人管的瞎子阿炳，加上体弱多病，一下就陷入了贫困，连活下去都很难。还好他手上还有一把二胡，有几十年的演奏经历，让他可以在街上随便找一个地方，开始拉琴表演，借此维持生计。

这几十年里，全城人都听过瞎子阿炳拉的二胡，都知道他的水平高。战争年代里，他还根据一些社会新闻，自己创作乐曲，用音乐来表达他对社会、对人生的看法。人们从他的琴声中，仿佛能看到一幅幅画面，一种种心情，被深深地感染着，在最伤心的地方，琴声仿佛是一种哭泣，让人也想跟着哭。

1950年，音乐专家听说了这个出名的盲人二胡乐手，便专程到无锡，录下了他的几首知名曲目，很遗憾的是，没来得及再次录音，阿炳就去世了。之后，他的《二泉映月》经过音乐家们的介绍，迅速传遍全国。

《二泉映月》已经被列为世界十大名曲之一，甚至被美国宇宙飞船带到太空，作为一份见面礼，给太空中可能存在的外星人播放。一件乐器，一门手艺，可以让一位陷入人生绝境的人生存下来，他又因为所演奏的音乐，从一个穷困潦倒的街头艺人，变成举世闻名的艺术家，这是技艺与艺术的传奇。

指尖工坊

胡琴家族与二胡的区别

我们了解二胡以后，胡琴家族的其他乐器就不是很难懂了，因为基本的制作和发音原理差不多，只是有些地方采用的原材料、形状、大小不太一样，每一种都有独特的音色，在乐队里也有不同的功能。

板胡：板胡跟二胡用蟒皮蒙琴筒不一样，是因为蒙木板而得名，又称梆胡、秦胡等，它音色明亮、高亢、清脆，特别富有乡土气息，是梆子腔戏曲及其他若干北方戏曲、曲艺的主要伴奏乐器。

京胡：京胡是京剧、昆曲等戏曲中常用的乐器。它在外观上比二胡要短小许多，音色也比二胡要嘹亮清脆。京胡用竹子制作，而二胡用硬木制作。京胡琴筒蒙皮用蛇皮，而二胡用的是蟒皮。

高胡：是“高音二胡”的简称，其外形、构造、演奏弓法与技巧以及所用演奏符号等，都与二胡相同，只是琴筒（共鸣箱）比二胡略小，常用两腿夹着琴筒的一部分演奏。

中胡：即“中音二胡”，外形与二胡相同，音色要更沉厚。

低胡：低音二胡，外形与二胡相同，有两条或三条琴弦，琴弓在外，琴筒蒙马皮或羊皮，有指板。

革胡：即改革大二胡，琴筒为圆形，有指板，有四条弦。

马头琴：马头琴的琴弓与弦是分离的，二胡的琴弓是夹在两弦之间的，马头琴的琴箱为盒状，二胡的琴箱为筒状。

骑马射箭

游牧民族的战争游戏

游牧民族热爱骑马射箭，淋漓尽致地体现在各种节日里，比如藏族的藏历新年、江孜达玛节、那曲羌塘恰青赛马节、望果节、林卡节、雪顿节……蒙古族的那达慕节、燃灯节、马奶节、麦德尔节、塔克勒干节……都能看见身穿民族服饰的骑手们，英姿飒爽，手持弓箭，像古代的武士，准备靠力量和技艺赢得人们的喝彩。以至于汉地的小朋友会好奇：那儿的小朋友是骑马上学吗？

13世纪，蒙古族曾骑着马征战欧亚，建立了超级蒙古帝国。马不仅是便捷快速的交通工具，还是战场上一同战斗的战士。骑马射箭是蒙古人从小就要学的功课，士兵们甚至可以在马背上吃饭睡觉，日夜赶路，是名副其实的“马背上的民族”。如今的内蒙古，虽然大部分蒙古族人已经不再生活在马背上，但骑马、射箭、摔跤仍然被称为“男儿三艺”，每逢节日必要拿出来展示一番。

而古代藏族人民引以为傲的旷世英雄格萨尔王，每次出征前都会举行跑马射箭的仪式，后来祭祀山神时加入了这个活动，再到大大小小的节日，藏族人就一代代把这个习惯保留下来。比如“达瓦洛色节”，它是藏族男子专门比赛射箭的节日，每年农历二月，利用农闲时间举行两到三天射箭比赛活动，全村人聚在一起，开心地饮酒，吟唱射箭歌、进行射箭比赛，晚上还要跳锅庄舞。除了节日的热闹，游牧民族更是在特殊的日子表达对力量、勇敢

和智慧的崇拜与向往。

弓箭 人类手臂延长至一百多米

弓箭的历史和人类的历史一样久远，原始人靠打猎捕获食物的时候，弓箭就诞生了，当然部落之间的武力战争，弓箭也是最可怕的致命武器。传说中的神箭手后羿，从天上射下来九个太阳。

弓由有弹性的弓臂和有韧性的弓弦构成；箭包括箭镞（头）、箭杆和箭羽。在不同的历史条件下，制作弓箭都是就地取材，什么材料方便就用什么。所以最早的箭，就是用一根树枝或竹竿，截成一定长度的箭杆，把一端削尖就是箭头。后来箭头改成尖锐

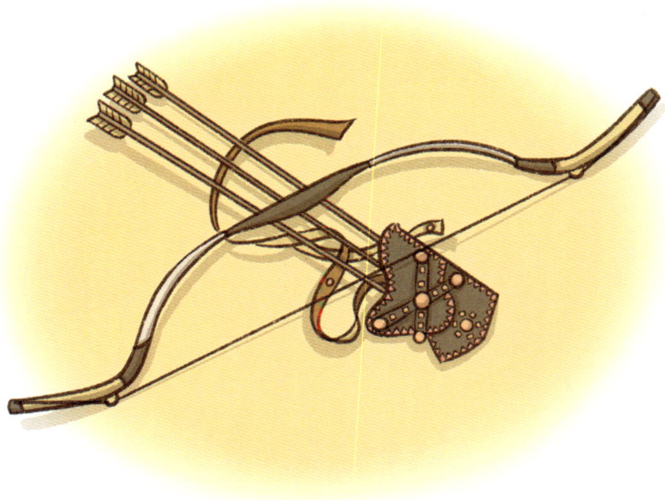

的石头、贝壳、骨头，当冶炼金属的技术出现后，也就依次换成了铜、青铜、铁、钢等铸造的箭头。为了防御这种锋利武器的袭击，士兵们必须穿上厚重的铠甲。

箭羽顾名思义是用羽毛制成的，粘在箭杆尾部，它的功能是稳定飞行方向，提高射中目标的准确率。箭羽不能太多，多了会减慢飞行速度；也不能太少，少了稳定性会差。游牧民族所用的羽毛是他们常见的猛禽秃鹰、猫头鹰、山鹰等的，而不用性情较温和的鸟类羽毛，是希望射出去的箭能像猛禽一样又快又狠。箭杆的用材，竹子多的地方可用竹竿，木头多的地方可用木杆，节日比赛用的箭会在箭杆的下方缠上各种色彩的丝线，有的还绘有彩色花纹，漂亮而醒目。

弓的工艺比箭要复杂，春秋战国时候的技术书《考工记》中，就详细说明了一把好弓所需要的材料，弓骨需要的是坚实柔韧的木材或竹材，再彪悍的勇士去拉也不会轻易折断，还要修整出适合手握和捆绑弓弦的几个弧度。

然后对这个弓骨的背面和腹面都要进行再加工，腹面（面向射手的一面）贴撕成小块状的水牛角或者岩羊角，胶水是用动物皮或者鱼鳔熬制成的；背面贴牛筋，就是牛的肌腱，最好是水牛的背筋，风干之后，用水浸湿，再用手工砸，然后撕成细丝，这是一个非常费工夫的活儿，俗话说“好汉子一天撕不了四两筋”。两面贴好后，还要用牛筋细细捆扎，用胶粘牢，贴角和筋是为了增强弹力，弹力大，箭射出去甚至能穿透金属铠甲。

弓的两头磨两个槽口，将弓弦勒进去固定。豪华版的弓，是将弓两头再插两个牛角，上面加上槽口勒弓弦，但技术难度也跟着增加，如果牛角插粘得不结实，拉弓时崩裂可能会伤人。牛角弓的外层，最后会裹上蛇皮或者涂画大漆作为装饰。什么样的弓才是一副合格的好弓呢？重量轻，射得快，长时间使用不会疲软，也不会被四季气候干扰，能维持一样的力道和强度。

如果说人类每发明一种工具或武器就相当于手的延长，增加其功能，那么弓箭便是古代对于手最伟大和有效的延长。箭射出去，杀伤力也跟着威胁到百米开外的猎物或敌人，但能不能射准，每个人练习的程度不同，技能也有高下。骑射比赛，就是大家在一起进行友好切磋。

以前，藏族与蒙古族几乎每个男人都会射箭，农闲时段的大型节日里，村落之间往往组织十几日甚至数十日的对抗赛。有以村为单位的集体对抗，也有一对一的角逐，每个地方的规则略有不同，但总是更快更狠更准的人获胜。当然，赛后总是有歌舞、说唱和美酒带来无尽的欢乐，通宵达旦。

马具　照顾好人也照顾好马

骑射肯定离不开马，游牧民族在节日里赛马，不仅是庆祝娱乐，更是为了和马建立深厚情感。在现代交通工具出现之前，马和牛都是人们生命中最重要的财产和伙伴，跟它们的关系好不好，就像配备着不同级别的帮手。骑射比赛中，马对骑手的熟悉和配合程度，直接影响着比赛的成绩。

而一副好的马具，就是人和马搭成熟练配合的一套“操作系统”。在马具发明之前，马因无法受到驾驭，并不是那么贴心的小伙伴，人和马在长时间的相处过程中，逐渐设计发明这套装备。一般参赛的马在赛马会开始之前好几个月便不再用于其他劳动，而是专心投入训练，马具的每个零件和细节，也得仔细检查和保养。

马具分为基本器具、辅助器具与配套器具三种，细分起来有一百多件，因为在很早期就有了，大部分名称对于现代人来说很古老和生僻。简单介绍一些重要的基本工具。

马鞍，是这个系统的核心部分，是架在马背上，主要功能是帮助骑手在马上能稳固身姿，并且尽可能舒适，不仅人舒适，也要体现对马的呵护。马鞍一般用桦木、柳木、榆木或核桃木制成，横跨马背，用带子系扣马腹，前后翘起，为了减少摩擦受伤，下面要垫上毛毡或者皮的垫子。马鞍左右前后打有各种孔洞，用来和其他马具相连。

马镫，形状像一扇椭圆形拱门，能套进人脚，鞋底接触马镫盘，骑手双脚搁在马镫里，射箭或者攻击敌人时可以稳稳地站起来。马镫要通过皮条与马鞍相连，才不会掉下来。

马嚼子，又叫马笼头，相当于方向盘系统，用来控制马的行进方向，也是由一系列组件构成——嚼子头、勒鼻条、嚼子环、缰绳等。缰绳是用优质的皮条对折编制而成的绳索，通过马嘴左右的嚼子环连接笼头与马鞍，拉动缰绳，能使马嘴里的“马衔”

受力，从而让马知道调整方向和速度。马衔是由中间相连的两根弯形铁条组成，勒在马的嘴里，迫使马听从指挥。马衔的制作材质根据时代也有一个演变，从皮质到木质、骨头、牛羊角、青铜，最终发展到铁。

配合马嚼子使用的工具还有马鞭、马棒、马绊等，可以看出人类为了能好好利用马力，费尽心思。但是，爱惜马的骑手很少真的用马鞭、马棒，尽量是用吆喝、脚带马镫、轻轻拍打马肚来发指令，一匹好马也能从主人最轻微的一个动作来领会行动指令，积极配合，一起成为骑射的英雄。

核心器具外，还有杂七杂八的辅助系统，有的为养护马服务，有的为人的操作服务，有的为管理服务，一起帮助营造了和谐的人马关系和牧民文化。一套制作精良、材料上乘的马具，是一个骑手最重要的奢侈品，骑射民族的爱美之心也体现在这上面，除了木工工艺、金属工艺及皮件制作等基本工艺，还可以在上面加上錾刻、刺绣、编织各种精美装饰，即使加金加玉都不稀奇。

游牧民族的骑马射箭、载歌载舞的习惯，通过每次节日的狂欢，几千年如一日地传承下来。通过对弓箭和马具的粗浅了解，我们应当知道潇洒的奔腾和精准的射击背后，依靠的是精密工艺制作器具，以及人们崇尚勇敢、爱惜伙伴的心。

指尖工坊

古代上战场的马，除了基本操作工具，还要跟士兵一样配上全套铠甲。

古代战马的马具